kurz & bündig

macht in kurzer Lesezeit
mit dem Wichtigsten vertraut.
Die einzelnen Bände dieser Serie bieten
Einblicke in die Themenkreise

Religion & Philosophie
Wirtschaft & Gesellschaft
Natur & Umwelt
Wissenschaft & Technik
Kunst & Kultur
Sprache & Literatur
Geschichte & Geographie

Herausgegeben von Wolf In der Maur

Walter Weiss

Östliches und westliches Denken

Für uns ist die Vernunft
das EIN und ALLES.
Für den Osten sind Widersprüche Schimären,
das EIN-ALLE ist jenseits der Vernunft.

hpt-Verlagsgesellschaft

CIP-Titelaufnahme der Deutschen Bibliothek

Weiss, Walter:
Östliches und westliches Denken / Walter Weiss. — Wien : hpt-
Verl.-Ges., 1990
  (kurz & bündig)
  ISBN 3-85128-045-8

Lektorat: Franz Schrapfeneder
Einbandgestaltung: Erich Baumann

© 1990 by hpt-Verlagsgesellschaft m.b.H., Wien
Satzherstellung: inter-letter, Wien
Druck und Bindung: Wiener Verlag, Himberg

Inhalt

Vorwort des Herausgebers

Wir seien, so wird vermutet, auf dem Wege zum „Welt-Dorf". In diesem stehe auch das „Haus Europa". Viele arbeiten daran, es zu errichten: Philosophen und Kirchen, Ökonomen und Technologen, Militärs und Politiker, Künstler und Intellektuelle. Sie alle schöpfen ihren Bauplan aus einem gemeinsamen geistigen Grund: Dem jüdisch-griechisch-christlich-islamischen „Abendland", das auch die drei großen, monotheistischen Offenbarungsreligionen (die jüdische, die christliche und die islamische) hervorbrachte. Wir nennen es „der Westen".

Anderen, gleichfalls im Bau befindlichen „Häusern" liegt ein gänzlich anderer geistiger Bauplan zugrunde. Vor allem dem „Haus Asien". Dort schöpft man aus dem Geist des Buddhismus, Hinduismus, Taoismus, Konfuzianismus und Zen. Das ist „der Osten".

Wenn diese Häuser einst tatsächlich in einem gemeinsamen „Welt-Dorf" stehen sollen, dann sind dafür gewaltige geistige Anstrengungen nötig. Anstrengungen, einander zu verstehen. Denn ohne Verständnis füreinander, ohne den Nächsten, den Nachbarn, „begriffen" zu haben, kann ein Dorf nicht existieren; mag es durch das Design der Welt-Zivilisation auch noch so „harmonisch" erscheinen.

Das westliche Denken verläuft in der Kette von Ursache und Wirkung, von These und Anti-These und enthält „mystische Spuren" nur in den Religionen; ansonsten ist es wissenschaftlich, logisch und führt zum sich selbst bewußten Ich.

Das östliche Denken hält solche Subjektivität für bloße Sinnestäuschung. Es *meidet* die Widersprüche (These:Antithese) und versucht nicht, diese zu überwinden.

Die emanzipierte Gegensätzlichkeit des Westens strebt nach Gleichberechtigung; die akzeptierte Polarität des Ostens schafft Gleichwertigkeit. Im Westen philosophiert man, d. h. man macht Aussagen; im Osten meditiert man, d. h. man „schweigt sich aus".

Dem vorausgesetzten Chaos kommt das westliche Denken durch die Vernunft bei. Im Osten schätzt man die Erleuchtung als „Abwendung von der Welt".

Im Baugeschehen des „Welt-Dorfes" beginnt eine Phase des gegenseitigen Durchdringens. Die Architektur sättigt sich aus beiden Denk-Gründen. Wir werden die Bürger dieses Weltdorfes, wie alle anderen auch. So liegt es aus gewiß existenziellen Gründen auf der Hand, voneinander zu wissen. Dieses Buch gibt tiefe Einblicke in die beiden „Denk-Schulen", die in ihrer inneren und äußeren Vielfalt den „Dorf-Geist" bestimmen.

Wolf In der Maur

Eine Vorübung —
als Einführung und als Bitte

Es ist keine leichte Aufgabe, auf dem zur Verfügung stehenden Platz, sozusagen kurz und bündig, etwas so Gewaltiges wie die Bereiche des westlichen und östlichen Denkens einander gegenüberzustellen. Vom Autor, aber auch vom Leser wird Konzentration verlangt, Mut und Bereitschaft, die eigenen eingefahrenen Denkbahnen — zumindest abschnittweise — zu verlassen. Dies mag für den mit östlichem Denken nicht Vertrauten am Beginn schwierig sein.

Darf ich Sie daher zur folgenden kleinen Vorübung einladen?

Verbinden Sie diese neun Punkte durch vier gerade,
zusammenhängende Linien — in einem Zug

Soviel sei nur verraten: Verlassen Sie Ihre gewohnten Denkbahnen und -strukturen. Mehrere gleiche Lösungen sind möglich — aber sie sehen ganz anders aus, als Sie vielleicht bei den ersten Überlegungen annehmen mögen.

Gelingt Ihnen die Lösung auf Anhieb, werden Sie leicht die östliche (mystische) Denkform mit Ihrem westlichen (rationalen) Denken nachvollziehen können. Sie müssen herumprobieren und finden die Lösung erst nach längerem Denken? Dann ist es Ihnen gelungen, Ihr bewährtes anerzogenes rationales, westliches, naturwissenschaftliches Denken zu überschreiten.

Sollten Sie keine Lösung finden, schlagen Sie auf Seite 111 dieses Buches nach. Freuen Sie sich über das Aha-Erlebnis! Gehen Sie das Buch dann genauso frohgemut durch: es wird Ihnen eine Reihe solcher Aha-Erlebnisse bereiten. Sie werden dabei das östliche Denken genauso rasch begreifen wie die Lösung der Denksportaufgabe. Die Erfahrung, wie einfach die Lösung letztlich ist, sollte Sie ermuntern: Sie dürfen erwarten, daß Ihre Einsicht in die Richtigkeit des östlichen Denkens mit der gleichen Leichtigkeit und ebenso spontan erfolgen wird. Wichtig ist nur, etwas Bekanntes auch anders sehen und beurteilen zu wollen.

Paradigmenwechsel
in Ost und West

Unter „Paradigma" wird „die Grundeinstellung von Wissenschaftlern gegenüber einem Bereich von Phänomenen" verstanden oder „was den Mitgliedern einer wissenschaftlichen Gemeinschaft gemeinsam ist", wie Thomas S. Kuhn es definiert. Aus einem Paradigma „erwachsen bestimmte festgefügte Traditionen der Forschung". Es ist also vom Paradigma abhängig, wie etwas gesehen und gedeutet wird.

(Nach-)Denken ist für die Menschen seit jeher selbstverständlich. Wir vollbringen dabei jene geistige Leistung, die uns erspart, dasjenige, worüber wir nachdenken oder sprechen wollen, auch tatsächlich gegenständlich (konkret) vor uns haben zu müssen: um zweifelsfrei zu wissen, was wir meinen. Diese enorme Leistung unterscheidet uns auch vom Tier.

Unsere zweite — noch großartigere — Leistung besteht darin, sogar über etwas nachdenken zu können, das es gegenständlich gar nicht gibt. Das also als Konkretes, tatsächlich vor uns Befindliches gar nicht sein kann. Das Hilfszeitwort „sein" etwa. Oder „Gott". Oder die „Liebe", die „Freiheit", das „Schöne", das „Gute" — auch das „Böse". Da wir diesen Begriffen in der Welt unserer Erfahrung als einzelne nie begegnen, könnten wir sie gar nicht herzeigen, wenn wir sie meinen. Wir haben daher von ihnen auch niemals abstrahiert, also von ihrer Gegenständlichkeit abgesehen. Und dennoch reden wir über sie und ihre Bedeutung.

Wir nennen dieses Phänomen im ureigentlichen Sinn „Philosophieren": Nachdenken über Dasjenige, was „hinter" den erscheinenden Gegenständen „liegt". Und das Sich-darüber-Wundern, daß dieses „Dahinterliegende" tatsächlich „etwas" sein muß und nicht *nichts* sein kann: sonst könnten wir darüber ja nicht einmal nachdenken. Diese Einsicht macht das Wesentliche der Philosophie aus, und zwar sowohl der westlichen, als auch der östlichen!

Als „Westen" und „Osten" gelten in diesem Buch die beiden aus verschiedenen gemeinsamen politischen und philosophischen Grundlagen gewordenen Kulturhälften unserer heutigen Welt. Als Westen bezeichnen wir jenen Kulturbereich, der auf der jüdisch-griechisch-christlichen Tradition beruht. Wir nennen diese Kultur auch die des „Abendlandes" (Okzident) oder „abendländisch", zu der auch der „Orient", das „Morgenland", zählt. Das „Orientalische" gründet ebenfalls im Jüdisch-Griechisch-Christlichen: Der Islam ist die letzte große politisch und wirtschaftlich bedeutend gewordene Umformung des monotheistischen, biblischen Grundansatzes des einen, allmächtigen Gottes.

Der „Osten" gründet *nicht* in dieser Tradition. Er wurzelt im indisch-chinesischen Denken. Im Indischen hat er seine philosophisch-religiöse Ausprägung im Hinduismus und Buddhismus erfahren, im Chinesischen im Taoismus und Konfuzianismus. Verschmolzen sind buddhistisches und taoistisches Denken im japanischen Zen. Sie haben dort ihre höchste Vollendung erfahren.

Verbindungen zwischen der alten östlichen Philosophie (Religion) und der antiken westlichen hat es gegeben. Dies zeigt sich im persischen Zarathustrianismus. Es wäre verblüffend, hätten sich im 6. vorchristlichen Jahrhundert sowohl im Osten als auch im Westen die großen Philosophien von Juda, Hellas, Indien und China völlig unbeeinflußt voneinander gebildet. Die Idee beständigen Wandels und der — für den Menschen — illusionären Welt findet sich in allen Urphilosophien: in den Mythen der Veden, in den Lehren des Gautama *Buddha* und in den Gedanken des chinesischen Altmeisters *Lao-Tse*. *Heraklit* aus Ephesus dachte eine Philosophie vom beständigen Werden und Verändern: Sein Satz *„Alles fließt"* weist darauf hin. *Heraklit* vergleicht die Weltordnung mit einem *„ewigen Feuer, aufflammend nach Maß und erlöschend nach Maß"*.

Nach *Heraklit* gibt es nichts Starres und Unverändertes. Alles, was uns als unverändert erscheint, ist Illusion oder Täuschung. Im Hinduismus heißt diese illusionäre (statische) Interpretation der Welt durch den Menschen *„Maya"*. Der Mensch kann das göttliche, ewig bewegte Spiel der Schöpfung (*„Lila"*) nicht richtig (als veränderlich nämlich) deuten. Für den Hindu ist nicht die Welt — wie im Westen oft fälschlich angenommen wird! — Illusion, sondern nur ihre Wahrnehmung!

Für den Buddhisten heißt dieses Festklammern an den uns statisch und beständig erscheinenden Dingen *„Trishna"*. Es erzeugt das Leiden. Jedes Sich-Klammern an ein vom Verstand als einzeln begriffenes Ding (unser Handeln) erzeugt immer wieder neue Handlungen. Jeder Antwort folgt eine neue Frage. Der Mensch ist im Kreislauf „von Geburt und Tod" (*„Samsara"*) gefangen. In „Wahrheit" werden diese scheinbar unveränderlichen Erscheinungen aber von der göttlichen Kraft des *„Karma"*, der nie enden wollenden Kette von Ursache und Wirkung, beständig gewandelt. Unser Ich ist Illusion.

Der unbewegte Beweger

Die letzte, undefinierbare Realität, die „hinter" dem *„Lila"* der Hindi steht, heißt *„Brahman"* und die hinter dem *„Karma"* der Buddhisten *„Dharmakaya"*. Im Westen entspricht dieser „letzten Realität" in der platonischen Philosophie die unwandelbare Idee („des Guten" in der Ideenpyramide). Im Judentum ist es „Jahwe", im Christentum „Gott" und im Islam „Allah". In der Tradition der westlichen Philosophie kamen noch Begriffe wie „Absolutes", „Eines", „Wille" dazu. Sie meinen alle dasselbe „ewige, unwandelbare Eine". *Aristoteles* nannte „es" „den unbewegten Beweger".

Diese letzte eine, statische Realität hat im Taoismus eine innere Dynamik: das *„Tao"*. Ursprünglich wird dieser Begriff mit „Weg" übersetzt. Als „Weg" garantiert das Tao das beständige Wirken der beiden altchinesischen Prinzipe *Yin* und *Yang*. Dargestellt wird deren stetes Aufeinanderwirken im Symbol des „*T'aichi T'u*" als „Diagramm des Allerhöchsten Prinzips". Es sieht so aus:

„Yang kehrt zyklisch zu seinem Anfang zurück; Yin erreicht sein Maximum und macht dem Yang Platz", beschreibt der altchinesische Philosoph *Kuei Ku-tzu* im 4. Jh. v. Chr.

Im Gegensatz zum östlichen Denken des beständigen Wandels (es ist *das* Paradigma des Ostens!) beharrt das westliche Denken — trotz des heraklitischen Ansatzes! — auf der Gewißheit des Erfahrenen. Es ist *das* Paradigma des Westens: Die Welt ist so, wie ich sie sehe. Man nennt das in der (westlichen) Philosophie „naiven Realismus".

Die Philosophen des Westens haben diesen Realismus als „naiv" durchschaut und abgelehnt! Nicht so die frühe Wissenschaft und die Religion (des Westens). Wissenschaft baut dabei immer auf der Grundlage (Paradigma) der Vernunft auf! Religion basiert *nicht* auf der Vernunft und gründet in einem anderen Paradigma: dem der Mystik. Und die gibt es sowohl im Osten als auch im Westen!

Für einen traditionell (mystisch) denkenden Japaner stellt die Übernahme westlicher Vernunftkriterien einen gewaltigen Paradigmenwechsel dar! Umgekehrt käme es einem Paradigmenwechsel im Westen gleich, glaubte ein euro-amerikanischer

Wissenschaftler plötzlich an Erdgeister und Dämonen oder an einen Gott, der in das Geschehen der Welt eingreift! Ein solcher Paradigmenwechsel *innerhalb* der Wissenschaft wäre das Ende der Wissenschaft: Diese ist erst durch den Verzicht auf ein solches Paradigma (Gott als Zieher der Fäden des Welttheaters!) möglich geworden!

Dennoch hat in der Physik und in der Alternativmedizin (noch nicht in der Schulmedizin!) ein Umdenken (ein Paradigmenwechsel) eingesetzt: zwar nicht auf einen Demiurgen (= göttlichen Weltschöpfer) hin, aber weg von der Vernunft und ihrer strengen Kausalität.

*P*aradigmenwechsel in der Wissenschaft

Zu Beginn unseres Jahrhunderts stießen die Physiker bei ihrer Suche nach den kleinsten Bausteinen der Materie auf Schwierigkeiten, da sie weiterhin die Welt dem mechanistischen Paradigma entsprechend als diskret aufgebaut erklären wollten. Dabei meint *diskret* durch endliche Intervalle voneinander getrennte, genau definierte Teilchen. Über die *Heisenberg*sche Unschärferelation kam man auf die Theorie der Quantenmechanik — und in dieser Theorie gibt es keine genau definierten Orte *und* gleichzeitig genau definierten Energien und Geschwindigkeiten von Teilchen — weil Geschwindigkeit (Impuls) und Ort eines Teilchens nicht *gleichzeitig* gemessen (!) werden können, ist eine strenge Kausalinterpretation eben nicht möglich. Das Paradigma der mechanistischen und kausalen Erklärung war gestürzt, aber von der Bevölkerung nicht mitvollzogen worden.

Im Jahr 1971 veröffentlichte der US-amerikanische Student Carlos *Castaneda* seine Studie „Die Lehren des Don Juan". Sie beschreibt das Weltbild eines Yaqui-Indianers aus dem Norden Mexikos. Die Wirklichkeit des Yaqui-Zauberers läßt sich mit westlichen, exakten Begriffen aus der Vernunft, der Logik und der Kausalität nicht beschreiben. Die Leser Castanedas standen vor der Wahl, die „andere Wirklichkeit" des Yaqui-Medizinmannes als Blödsinn abzutun — oder das eigene gewohnte Denken zu überdenken und einen Paradigmenwechsel vorzunehmen.

Das Buch von Gary *Zukav*, „Die tanzenden Wuli-Meister", ist eine Auseinandersetzung mit den Problemen der modernen Teilchenphysik und dem Weltbild des Ostens. Parallelen zwischen der Dynamik des Subatomaren und der östlichen Mystik werden hergestellt. Den „Tanz der Teilchen" vergleicht *Zukav* mit dem Tanz des indischen Gottes Shiwa.

Die Veröffentlichungen des österreichischen Physikers Fritjof *Capra*, „Der kosmische Reigen", „Das Tao der Physik" und „Wendezeit", wurden in kürzester Zeit zu Kultbüchern für Insider. Auch in *Capras* Werken wird eine Parallele zwischen den jüngsten Forschungsergebnissen der modernen Teilchenphysik und der Philosophie des Ostens hergestellt:

„Die Naturwissenschaftler kennen die Zweige des Baumes des Wissens, aber nicht seine Wurzel. Die Mystiker kennen die Wurzel des Baumes des Wissens, aber nicht seine Zweige. Die Naturwissenschaft ist nicht auf die Mystik angewiesen und die Mystik nicht auf die Naturwissenschaft — doch die Menschheit kann auf keine der beiden verzichten."

Der Wiener Physiker Herbert *Pietschmann* bekannte in seinem Buch „Das Ende des naturwissenschaftlichen Zeitalters", daß die Welt durch die Naturwissenschaft nicht gänzlich erklärbar sei! Das westliche Denken reiche nicht mehr aus, die Welt zu verstehen. Wir müßten unsere gewohnten Denkweisen (Paradigmen) verlassen, um in unserer Erkenntnis weiterzukommen.

Es ist dies eine Forderung, der die östliche Philosophie schon seit jeher nachkommt. Nur im Westen ist dieses Denken durch die Aufklärung in den Hintergrund gedrängt worden. Diese dauert quasi bis heute an und mündet in dem Syndrom, das mit dem Schlagwort „Entfremdung" umschrieben wird.

Aufklärung als Entfremdung

Begonnen hatte diese Entfremdung von der „Einheit der östlichen Sicht der Welt" im Abendland vor 2500 Jahren mit dem Negieren des dynamischen heraklitischen Weltbildes durch *Parmenides* aus Elea. Im Gegensatz zu *Heraklit*, der das Werden (den „Tanz") alles Erscheinenden als wahr bezeichnet hatte, entschied sich *Parmenides*, dieses Werden als Illusion und das unwandelbare Sein als wahr zu erklären. Damit wurde das bisher von allen östlichen Mystikern für wahr gehaltene *untrennbare* Wechselspiel (Dynamik) zwischen Gott und Welt (Brahman — Lila, Dharma — Samsara, Tao als beständiges Spiel von Yin und Yang) von *Parmenides* geleugnet und ein Teil des Paares als „wahr" (=unwandelbar) erklärt. Der andere Teil war dem Wahren als „unwahr" „entfremdet". Seit *Parmenides* gibt es also den „Dualismus", die Zweiheit der Realitäten, von denen eine wahr, die andere aber unwahr ist. (Im Hinduismus dagegen opfert sich Gott „*Brahman*" und wird zur Welt, die wiederum zu Gott wird) (=dynamisches Prinzip). Die Welt bleibt dabei einheitlich (=monistisch).

Die Unlösbarkeit der die gesamte Welt bedrohenden Probleme hat im Westen den zeitgenössischen Paradigmenwechsel ausgelöst! Er versucht die in 2600 Jahren entstandenen Gegensätze zwischen westlichem und östlichem Denken wieder zu überbrücken.

Was ist Philosophie?

Die übliche Übersetzung aus dem Griechischen befriedigt nicht: Aus „Liebe zur Weisheit" werden sofort zwei neue Probleme: Was ist „Liebe", was ist „Weisheit"? Mit dem Streit um den Begriff „Liebe" lassen sich Bibliotheken füllen. „Weisheit" läßt sich dagegen weniger widersprüchlich definieren.

Weisheit meint das *Wissen „hinter" dem Wissen.* Also nicht bloßes Faktenwissen, sondern das Bescheid-Wissen um das *Wesen* eines Dinges oder eines Begriffes.

Was ist nun dieses Wesen? Das Wesen ist nach dem deutschen Philosophen Edmund *Husserl* (1928) das Eigentliche einer Sache, eines Begriffes, sein *„eidos".* Nach der Phänomenologischen Schule *Husserls* macht erst sein Wesen ein Ding zu eben diesem Ding und eine Sache zu eben dieser Sache.

Was ist ein Ding? Was ist eine (Tat-)Sache, was ein Begriff?

Ein Ding ist das *Einzelne* aus der Vielzahl aller einzeln Daseienden (Körper). Und eine (Tat-)Sache ist ein — objektives — Geschehen. Ein Begriff ist — positivistisch gesehen, also rein aus der unmittelbaren Erfahrung gewonnen — ein Gedankenelement oder eine Bedeutungseinheit (in der Logik: eine Denkform) oder — metaphysisch betrachtet, also jenseits der sinnlichen Erfahrung liegend — das *Bestimmende,* das etwa ein Pferd als zu den Pferden gehörig ausweist oder die Tötung eines Menschen zu einem Mord macht.

Was nun ist das Bestimmende des Menschen, sein Begriff, sein Wesen?

Mit diesen Fragen sind wir mitten in der Philosophie. Mit jeder der bisherigen Antworten haben wir neue Fragen aufgeworfen. Durch die Möglichkeiten, auf diese Fragen auch anders antworten zu können, werden neue Unsicherheiten geschaffen. Denn wer entscheidet, ob eine Antwort, eine Definition richtig oder falsch, wahr oder unwahr ist? Wer definiert *widerspruchsfrei für alle* einen bestimmten Begriff?

Was ist ein Widerspruch?

Sind Widersprüche *Gegensätze, die aufgehoben werden müssen* oder *Polaritäten, die einander bedingen*? Oder *bloße Verstöße gegen das logische Grundaxiom A ist nicht gleich Non-A*? Sind Widersprüche vermeidbar und/oder überwindbar oder sollen/müssen sie bestehen bleiben? Und wer entscheidet das?

Der Streit um den Widerspruch geht bis in die Anfänge der Philosophie zurück und *ist letztlich die Philosophie selbst.* Eine mögliche Definition der Philosophie könnte daher lauten: *„Wie man mit Widersprüchen umgeht."* Darin ist das widersprüchliche Umgehen mit dem Widerspruch selbst enthalten: Man kann den Widerspruch entweder als Polarität oder als Gegensatz bejahen, oder — wie der

Positivismus — ihn als bloßen Verstoß gegen das logische Grundaxiom ansehen.

Das östliche Denken bejaht den Widerspruch als *Polarität,* die Religion bejaht ihn als *Gegensatz;* den Widerspruch als *Polarität* verneint das westliche Denken und seine Philosophie. Verneint als *Widerspruch* wird er von der Wissenschaft. Bejahung hat Mystik (Glauben), Verneinung Ratio (Vernunft) zur Folge. Warum? Weil definitionsgemäß Mystik das Verbleiben in Widersprüchen bedeutet, Vernunft aber das Ausräumen von Widersprüchen zum Ziel hat. Der deutsche Philosoph Arthur *Schopenhauer* (1788-1860) definiert: *„Mystik ist jede Anleitung zum unmittelbaren Innewerden dessen, wohin weder Anschauung noch Begriff, also überhaupt keine Erkenntnis reicht."* In der gleichen Relation stehen einander Weisheit und Wissen gegenüber. Georg Wilhelm Friedrich *Hegel* (1770—1831) wiederum meint: *„Weisheit ist nicht Wissenschaft. Weisheit ist eine Erhebung der Seele, die sich durch Erfahrung verbunden mit Nachdenken über Abhängigkeit von Meinungen wie von den Eindrücken der Sinnlichkeit erhoben und notwendig von einer ruhigen Wärme, einem sanften Feuer begleitet sein muß."* Aber Immanuel *Kant* (1724—1804) sagt, *„daß der Weg zur Weisheit bei uns Menschen unvermeidlich durch die Wissenschaft durchgehen müsse".* Eine Überwindung dieser widersprüchlichen Definitionen könnte lauten: Weisheit ist das Bestreben, Widersprüche nicht mehr überwinden (oder erklären) zu wollen, sondern sie als Polaritäten zu bejahen. Die Wissenschaft ist äußerst erfolgreich dabei, Widersprüche aufzuheben und dafür neue zu schaffen. Der Westen nennt das *Fortschritt.*

Philosophie ist weder Wissenschaft — ein Positivist würde dieser Aussage widersprechen! — noch Mystik — was der späte deutsche Nachkantianer Friedrich Wilhelm Joseph *Schelling* (1775—1854) allerdings leugnete — und schon gar nicht Religion (diese Unterscheidung gibt es im östlichen Denken gar nicht). Ist sie Lehre? Macht sie Fortschritte? Ja und nein, denn eine Lehre folgt einer Theorie und stellt für sie gültige Gesetze und Strukturen auf. Tut dies die Philosophie? Ja, denn ob man sich für das Bejahen der Polaritäten oder dagegen entscheidet, ist schon Bekenntnis zu einer der beiden Möglichkeiten (Theorien). Die andere wird dabei *negiert* — und Negation ist immer Widerspruch!

Wahr und falsch

Wenn die Verneinung, die *Negation,* zur Methode der Philosophie wird, dann wird Philosophie zur Lehre und lehrbar. Mit dem Akzeptieren der Negation als Methode erhält die Philosophie eine Struktur (eine Theorie) und ist somit nicht mehr allumfassend (weil sie das Negierte nicht mehr mitbehandelt!). Negiert sie die Polarität nicht, ist sie keine Lehre, da ihr Struktur fehlt — selbst die des *Negierens.* Sie *bejaht alles,* ist damit *ideologiefrei,* da das *Gegensätzliche niemals falsch ist.* Sie ist *Mystik.*

Ihr Ziel ist *das Eine,* die *persönliche Vereinigung* mit . . .

Womit eigentlich?

Das westliche Denken negiert die Einheit von Polaritäten und setzt Widersprüche. Das östliche Denken bejaht Polaritäten und ist widerspruchsfrei. Der durch die Negation der Einheit der Polaritäten aufgebrochene Widerspruch im Westen kann nur auf zwei Arten bewältigt werden: Man entscheidet sich für eine der beiden Möglichkeiten (und erklärt die andere für *falsch)* oder läßt den Widerspruch bestehen und sieht ihn als fruchtbar und für den Gang der Welt als förderlich an. Man kann das Bejahen und Verneinen der Einheit der Polaritäten sozusagen als die *zwei Seiten einer Medaille* ansehen, *ohne die es diese Medaille (=die Welt) gar nicht gäbe.* Erst beide Betrachtungsweisen, als einander ergänzende Einheit, ergeben die *wahre* und *eine* Philosophie.

Das aber ist die abendländische Philosophie nicht! Ist sie doch die Lehre der Negation, der *geleugneten* Einheit und des zu überwindenden Widerspruchs! Nur eine von jeweils zwei Möglichkeiten darf nach dem System dieser Lehre *wahr* sein. Die andere muß *falsch* sein! Welcher von zwei Gegensätzen aber ist *wahr* und welcher ist *falsch?* Dieser neue Widerspruch muß sofort aufgelöst werden, weil er sonst der Vernunft *(Ratio)* und ihrem Werkzeug *(Organon),* der *Logik,* widerspräche: Im rationalen Denken des Westens gilt nur logisch Widerspruchsfreies als wahr.

Dem Satz der Identität A = A (1. logisches

Axiom) folgt das 2. logische Axiom, nämlich die Ungleichung A ist nicht gleich Non-A (oder: B): Wenn A *wahr* ist, muß B *falsch* sein. Der *Satz vom ausgeschlossenen Dritten* („*tertium non datur*": Eine Aussage stimmt oder nicht; eine dritte Möglichkeit gibt es nicht) ist das 3. logische Axiom. Es ist die logische Folge aus den beiden ersten Axiomen. Die Logik des Abendländers (sie gründet auf *Aristoteles*) ist also zweiwertig! Aber: Wahr und falsch muß kein Gegensatz sein!

Dreiwertige Logik

Im östlichen Denken gibt es noch ein Drittes: *My* nennt es der Japaner, und es bedeutet: etwas ist weder wahr noch falsch. Für den ausschließenden Verstand des westlich Denkenden bedeutet eine solche Formulierung nur einen erneuten Widerspruch: Wie kann etwas weder wahr noch falsch sein oder sowohl wahr als auch falsch? Diese widersprüchliche Situation — wenn etwas (zweiwertig-) logisch nicht lösbar ist — wird durch simple *Falschsetzung*, also durch Negation ausgemerzt. So etwas gibt es nicht...

Im westlichen Denken steht man zunächst ohne Verständnis vor dem östlichen Denken. Zen-buddhistische *Koans* (widersprüchliche Aufgaben, für die von der Vernunft keine Lösungen angeboten werden!) sind dem logischen Verstand ein Rätsel!

Ein östlich Denkender wieder liest kopfschüttelnd *Hegel* oder *Kant*: Die europäische Philosophie geht widersprüchlich mit dem Widerspruch um!

Der griechische Philosoph *Parmenides* aus Elea (um 540-480 v. Chr.) ließ nur das Ruhende, das Nicht-Bewegte als das Eine und Nicht-Viele gelten. Er setzte es als *„Sein"* für *unbeweglich, unveränderlich, unzerstörbar und ewig*. Und fand es — natürlich! — nicht in unserer gewohnten (Um-)Welt. Diese war für ihn unwahr und bloßer Schein. Die Aporien (griechisch: Ausweglosigkeit, Ratlosigkeit) seines Schülers *Zenon* über die Scheinhaftigkeit von Bewegungen sind berühmt geworden: *Zenon* „beweist", daß *Achill* die Schildkröte beim Wettlauf niemals einholen wird und daß sich ein fliegender Pfeil nicht von der Stelle bewegt.

> **Die widersprüchliche Unterscheidung zwischen Sein und Seiendem und die sich daraus ergebende Falschsetzung des Seienden läßt in dieser Gegensetzung keine Versöhnung zu (tertium non datur!). Dieser Widerspruch setzt sich im Westen bis heute im Gegensatz zwischen Religion und Wissenschaft, Jenseits und Diesseits, Gott und Welt, Idealismus und Materialismus, Geist und Körper, magischem und pragmatischem Denken, Hoffnung und Realismus fort.**

Von den verschiedenen Denkformen

Nicht nur die Art, wie mit dem Widerspruch umgegangen wird, unterscheidet die Denkformen! Es gibt auch mehrere Möglichkeiten, wie der einzelne mit der Summe der Wahrnehmungen, Informationen und Wirklichkeiten, die sein Bewußtsein prägen, umgeht: Erst dieses Wie des Vergleichens, Wertens und Ordnens führt zum Wesentlichen, Allgemeingültigen, Zusammenhängenden und Gesetzmäßigen des jeweiligen Weltbildes.

Nach westlichem Denken wird die erfahrbare Welt *kausal* interpretiert. „Kausalität" meint eine Ursache-Wirkungs-Kette, die zeitlich so abläuft, daß *auf* eine Ursache eine Wirkung *folgt*. Man nennt das auch den „Zeitpfeil", der nicht umkehrbar ist. Diese kausale Wirkungskette läßt zwingend *aus* einem Ereignis ein anderes folgen. Hat man die Verkettung entschlüsselt (decodiert), ist theoretisch die Voraussage künftiger Geschehnisse mit hundertprozentiger Sicherheit möglich. In Wahrheit sind die Trefferquoten nicht immer so hoch, weil wir nur selten alle Kausalketten, durch die ein Ereignis bestimmt ist, durchschauen können.

Das kausale Denken hat sich in der Wissenschaft bewährt. So hat man die kausale Annäherung an ein Problem auch auf Bereiche ausgedehnt, in denen Kausalität keine Gültigkeit mehr haben kann: in Sphären, in denen keine *Ereignisse* stattfinden (können). Ereignisse geschehen nur innerhalb des Raum-Zeit-Kontinuums. Jedes Ereignis hat einen definierten Ort und Zeitpunkt. Beim Problem Gottes haben wir auf die Dimension der Raum-Zeit verzichtet. *„Er"* gilt als *ewig*.

Gottfried Wilhelm *Leibniz* (1646—1716) hat in seinem Mühlengleichnis behauptet: *„Wenn unser Gehirn so groß wäre wie eine Mühle und wir darin herumspazierten, würden wir ein Bewußtsein nicht finden."* Und der deutsche Pathologe Rudolf *Virchow* (1821—1902) hat später sekundiert: *„Ich habe 1000 Leichen seziert und keine Seele gefunden"*. Bewußtsein und „Seele" sind also „im" Raum-Zeit-Kontinuum nicht auffindbar. Dennoch „gibt" es das Bewußtsein; über die Existenz der Seele herrschen widersprüchliche Meinungen. Für beide ist die Kausalität aber nicht anwendbar. Für immer mehr Naturwissenschaftler im Westen kann daher kausales Denken allein die Welt nicht erklären.

Warum fragt der Mensch „warum"?

Kausales Denken versucht über die Methodik des vernünftigen Fragens — „warum" — ein widersprüchliches Ereignis *in* der Raum-Zeit zu erklären. Ziel ist die Auflösung (Überwindung) des Widerspruchs. Beispiel: Mich friert. Diesen Widerspruch (Ich möchte es warm haben! Das Mich-Frieren ist dazu Widerspruch!) gilt es auszumerzen. Ich setze eine den Widerspruch überwindende Handlung und ziehe mir etwas an.

Wie verhält es sich mit zukünftigen Ereignissen, die ich beeinflussen will? Wie werde ich mit Situationen fertig, die ich nicht beeinflussen kann, aber meistern soll? Etwa mit Krankheit, Krieg und anderen sogenannten Schicksalsschlägen? Wie gehe ich mit Gefühlen um, die mich zu überwältigen drohen? Wie kommt es zu Kreativität und Phantasie?

Der Mensch kann seine Umwelt nur in kleinem Rahmen beeinflussen: klein in räumlicher und zeitlicher Sicht. Alles darüber Hinausgehende entzieht sich seiner Macht. Die Vernunft ist dem Menschen nur Mittel zum Bewältigen nächster raum-zeitlicher Situationen. Die Vernunft trägt bei, sein Überleben als Individuum, zumindest auf Zeit, zu gewährleisten. Den Tod kann auch die Vernunft nicht verhindern.

Der Mensch hat immer auch schon anders gedacht: etwa *final* oder *teleologisch*. Beide Ausdrücke bedeuten „auf ein Ende hin gerichtet", „eine Absicht, einen Zweck" verfolgen. Solches Denken steht kausalem Denken diametral gegenüber. Es nimmt das angestrebte Ereignis vorweg und kehrt das kausale Denken um: Das Ziel bestimmt mich und meine Handlungen — und nicht umgekehrt! Die Richtigkeit meines Tuns stellt sich erst nachträglich heraus. Man spricht daher auch von „Versuch-und-Irrtum-Methode" *(trial and error method)*. Der größte Teil der alltäglichen Entscheidungen erfolgt aus finalem Denken. Dennoch ist das westlich-wissenschaftliche Weltbild kausal strukturiert! Ein Widerspruch zur Praxis also. Er bleibt tag-täglich *bestehen* und wird *nicht überwunden!* Finalität und Teleologie stehen im Widerspruch zum kausalen Denken. Die Geschichte ist Resultat teleologischen Denkens der Politiker und Ideologen. Geschichte verläuft nicht kausal, sondern final.

Magisches und mystisches Denken

Das *magische* Denken bemüht sich, mit den Mitteln der Vernunft Verbindungen mit *„übernatürlichen"* Mächten, die nicht den Naturgesetzen der Wissenschaft gehorchen, herzustellen, und versucht, diese über *Rituale* zu beeinflussen (Zauberei). Es ist dies ein quasi-kausales Vorgehen, das dem Schema von Ursache und Wirkung entspricht: „Beeinflussen" heißt, eine gewünschte Wirkung herbeiführen. Der französische Philosoph Auguste *Comte* (1798—1857) spricht bei einem solchen Handeln von *theologischem* oder *fiktivem Stadium*. Der Magier *dämonisiert* die Natur (die Welt). Er behandelt sie, als agiere er mit Ahnen, Dämonen und Göttern. Bewährte Verhaltensweisen aus der Welt der Erfahrung werden auf das „Jenseitige" angewendet. Dabei gilt als Grunderfahrung, daß Menschen niemals streng kausal reagieren. Diese Ungewißheit im Umgang mit Lebenden wird über magische Rituale auf die Verstorbenen und Götter projiziert. Die „Trefferquote" solcher Praktiken entspricht daher der täglichen Erfahrung: Eine Prognose ist möglich, aber unsicher.

Rationalisiert ein so „Gläubiger" seine Hingabe an den Willen der „Jenseitigen" (etwa: Weil ich mich unterwerfe, passiert mir nichts), *begründet* er seine Unterordnung unter den Willen eines „höchsten Wesens" logisch-schlüssig (er stellt ja eine Wenn-dann-Beziehung her). Es entsteht *theologisches Denken* und als Wissenschaft davon die *Theologie*. Widersprüche bleiben bestehen und werden über *Jenseitiges* aufgelöst. Dabei wird über weiteste Strecken durchaus *logisch* argumentiert.

Das Judentum ist die klarste Form eines solchen rationalisierten Glaubens an Gott (Jehowa). Alles hat seinen logischen Grund. Der jüdische Gelehrte *Maimonides* (1135—1204) hat die logische Rechtfertigung des Judentums geliefert und die Scholastik und *Thomas von Aquin* (1225—1274) stark beeinflußt. Beiden diente das syllogistische Schlußverfahren als bevorzugte Methode.

In der Welt der Gefühle und in der Mystik wird solches Denken nicht angewandt. Hier wird irrational agiert. Liebe und Haß machen „blind" — die Vernunft ist dabei ausgeblendet. Wer hofft, handelt irrational, seine Gefühlswelt deckt sein (rationales) Denken zu. Aber: *„Dum spiro spero — solange ich atme, hoffe ich!"*

Der Mystiker lebt vertrauensvoll im Willen Gottes. Er begibt sich in die „Hand Gottes". Im Westen heißt es: „Auf Gott vertrauen heißt nicht auf Sand bauen." Vernünftiges Handeln dient in einem solchen Denken — wenn überhaupt — nur dem kleinen, überschaubaren Bereich des alltäglichen Tuns und Lassens. Solcher Glaube wird welt- und ichflüchtend: nicht ich handle, sondern Gott handelt durch mich! Die verlorengegangene Einheit der Widerspruchslosigkeit, auch *Paradies* genannt, wird über den Glauben an eine höhere Macht im Jenseits ersehnt. Und die Auflösung der Widersprüche im „Diesseits" (das „Jammertal" der Kirchenlieder) erfleht.

Die *Kabbala* („Überlieferung"), die mystische Geheimlehre der Juden, verliert sich ohne jede Logik in reine Spekulation und versucht sich über phantastische Zahlen- und Buchstabenspielereien dem Geheimnis Gottes zu nähern. Durch *Versenkung und Einswerden „mit Gott"* sucht man „ihn" zu erfahren.

Judentum, Christentum und Islam übernehmen in ihre Lehren mystische Elemente: im Christentum werden dem Rabbi Joshua (Jesus) eine Reihe von Wundertaten zugeschrieben, und im Islam wird dem Propheten ein Blick in den Himmel gestattet. Die katholische Kirche setzt irrationale Dogmen: die jungfräuliche Geburt Christi etwa. Daraus mußten sich schon früh Widersprüche ergeben zwischen christlicher Lehre und rationaler Philosophie einerseits und erwachender Naturwissenschaft andererseits, die mit Galileo Galilei ihren Anfang nahm.

Die Kategorien des Denkens

Mit Hilfe der Kategorien wollen die westlichen Philosophen die Einheitlichkeit der Denkstrukturen aller Menschen bestimmen: einend und teilend, verknüpfend und zerlegend, zählend und wertend, klassifizierend und hierarchisierend. Diese Kategorien sind aber für die Schwierigkeiten verantwortlich, die auftreten, wenn östlich gedacht werden soll: östliches Denken ist nicht quantifizierend, nicht qualifizierend, relationiert nicht und kennt keine Logik.

Gibt es nur eine „absolute" Wahrheit — in deren Besitz sich jede Ideologie und jede Religion glaubt — oder so viele Wahrheiten, wie mitgeteilt werden können? Neigt man der These von der *einen* Wahrheit zu, muß man verschiedene Sichten auf diese *eine* Wahrheit akzeptieren. Denn die ursprüngliche (Wahr- und) Einheit der Welt — im Mythos der Bibel „*Paradies*" oder „*Garten Eden*" genannt — ist verlorengegangen: durch das Auftreten des Menschen und durch die Reflexion des *Homo sapiens* auf sich selbst. Mit diesem Sich-in-der-Welt-Wissen kam es zum Qualitätssprung des *Selbstbewußtseins*. Der jüdisch-christliche Mythos umschreibt das als „Verlust des Paradieses" durch das *Essen vom Baum der Erkenntnis des Guten und des Bösen*. Psychologisch interpretiert, hat man darunter die *Selbsterkenntnis des Bewußtseins* verstanden: Erstmals erkennt ein Lebewesen, der Mensch, den Unterschied zwischen dem, was es *selbst* ist (und später als „*Ich*" bezeichnet), und dem anderen.

Die Kluft zwischen Subjekt (Ich) und Objekt (Welt) läßt den Menschen die Geborgenheit der *instinktiven* Sicherheit (des *„Paradieses"*) verlieren. Er weiß sich hineingestellt in eine feindliche Umwelt (Natur), in der er um sein Überleben kämpfen muß. Daher heißt es in der Bibel nach dem Sündenfall: *„Im Schweiße Deines Angesichtes sollst Du Dein Brot verdienen."*

Bis zu diesem *„Sündenfall"* hat die Natur den Menschen (*Hegel* nennt es die *„Erstnatürlichkeit des Menschen"*) den Kampf ums Überleben mit Hilfe seiner *Instinkte* führen lassen: Die Individuen kamen mehrheitlich erst dann zu Tode, nachdem der Bestand ihrer Art durch die Fortpflanzung gesichert war. Mit dem Selbstbewußtsein erhält der Mensch aber auch seine Vernunft und kontrollierbare Gefühle. Der Mensch lernt *bewußt* aus seiner Vergangenheit und *kann* sein Verhalten ändern. Er *erkennt und denkt.* Wie ist dieses Denken strukturiert? Der analysierende Verstand der abendländischen Philosophen untersucht dieses Denken auf seine Grundstrukturen, seine *Kategorien.*

Aristoteles nennt folgende Kategorien:
1. die Substanz, das Wesen (eines Einzeldinges)
2. die Quantität, die Menge von etwas
3. die Qualität, die Beschaffenheit, die „Güte"
4. die Relation, die Beziehung

5. der Ort eines Dinges oder Geschehens
6. die Zeit eines Ereignisses
7. die Lage eines Da-Seienden
8. der Zustand von etwas
9. die Tätigkeit
10. das Erleiden oder die Passivität

Diese *Aussagen* werden durch die *Sprache* bestimmt. Sie sagt von einem Subjekt das Wie seines Daseins als Prädikat aus. Kategorien sind *Aussageformen*. In der traditionellen westlichen Philosophie werden Denken (also auch Sprache) und Sein (im Dualismus identisch mit „Gott") als analog gesehen. *Thomas von Aquin* entwickelte daher die Lehre von der *Analogia entis* oder der Ähnlichkeit allen „innerweltlichen Seins". Wir nennen es heute „Da-Seiendes". Es umfaßt auch den denkenden Menschen mit dem göttlichen Sein. Unsere Denkformen ähneln demnach den „Denk"formen „Gottes": Nach *Thomas von Aquin* ist eine „natürliche Gotteserkenntnis" möglich. Die Welt als ganze (also inklusive „Gott") kann — nach dieser scholastischen Sicht — grundsätzlich durch Denken erkannt werden. Dieses Denken gründet auf einer subjektiven Beziehung zwischen Mensch und Gott!

Dem östlichen Denken ist jede im Subjektiven gründende Beziehung *Täuschung*. Im Buddhismus unterliegt eine solche Sicht dem *Duhka* oder Leiden. Die *Wahrheit (Erleuchtung)* liegt in der *Überwindung* jeder Subjekt-Objekt-Relation und des *Samsara*, des ewigen Kreislaufs von Geburt und Tod.

Der Westen sucht die Subjekt-Objekt-Relation zu *erforschen* und trachtet, den ihr zugrunde liegenden Widerspruch zu überwinden. Zwei Möglichkeiten gibt es dabei, ihn aufzuheben: Laut dem deutschen Idealisten Johann Gottlieb *Fichte* (1762—1814) ist dem individuellen Ich ein teilbares Nicht-Ich (die Außenwelt) entgegengesetzt. Diese Außenwelt wird dann nach eigenen Vorstellungen geformt. Nach Karl *Marx* (1818—1883) formt die Welt (in ihren Produktionsmitteln) das Individuum zu einer ökonomischen Struktur und damit zu einem bloßen Objekt. Dabei geht mein Ich (meine Freiheit) zugrunde (totalitärer Kommunismus). Forme ich die Welt, bereite ich sie mir getreu dem Bibelwort auf: *„Macht Euch die Erde untertan."* Die Objekte werden subjektiv aufbereitet und stehen mir zur Verfügung. Der Kapitalismus ist die dazu passende Ideologie: Das Subjekt strebt nach dem Besitz der Welt. Es will sie vereinnahmen.

Dieses Denken als Beziehung zwischen Subjekt und Objekt ist dem westlich Denkenden „heilig": Es gilt als *logisch* und weltkonstituierend. Die Welt bleibt durch Schöpfung und Sündenfall zweifach von Gott geschieden *(Dualismus)*! Diese bestehenden Widersprüche zwischen Subjekt und Objekt, Gott und Welt sind aber auflösbar. Erst die — gelungene — Überwindung (das *Heil)* ist *wahr*!

Deshalb gibt es so viele Wahrheiten im westlichen Denken, die einander ideologisch bekämpfen: Viele Subjekte (er)finden viele Wahrheiten („Heile"). So ist für die Juden der Messias noch nicht gekommen, für die Christen schon. Da viele Wahrheiten widersprüchlich sind, müssen sie einander negieren, wenn *wahr* auch *wahr* bleiben soll.

Dem östlich Denkenden ist solches Denken Schimäre. Es hält vom *Eigentlichen ab*. Logik — das vernünftige, widerspruchsfreie Umgehen des Subjektes mit den Objekten — schafft nur Abhängigkeiten (Leiden) und immer neue Widersprüche. Die Erlösung (die Wahrheit) liegt daher im Meiden der Widersprüche, nicht in deren Überwindung und Schaffung neuer. Denken in den aristotelischen Kategorien schafft aber stets neue Widersprüche. Daher muß das Heil im A-Logischen, im Irrationalen liegen.

Dabei geht das östliche Denken nicht von der Substanz (dem Einzelnen) aus, sondern vom *Einen*. Das *Eine* ist dort der Gegensatz zum *Vielen* und nicht etwa das *Einzelne*, wie *Aristoteles* meint. Mehrere Einzelne ergeben die Quantität des Vielen und stehen über ihre Qualität in Relation zueinander. Über das *Eine* findet sich aber in den aristotelischen Kategorien nichts. Dieses *Eine* ist weder einzeln, noch viel, sondern . . . Die Sprache verweigert sich einem hier, kann dieses Sein des *Einen* nicht in Worte fassen: Dieses *Eine* ist kein Einzelnes und ermöglicht damit kein Anderes. Jedes Andere würde das *Eine* zu einem Einzelnen reduzieren — es also als *Eines* vernichten. Das *Eine* muß daher *Alles* sein, also *Ein-Alles* (das Universum, das All; *die* Substanz; Gott; Tao).

Das EIN-ALLE ist widerspruchsfrei

Zum Widerspruch gehören stets zwei Aussagen. Um *eine* Aussage zu erhalten, muß ein Subjekt über ein *anderes* (=Objekt) urteilen (können). Das *Ein-Alle* ist aber weder Subjekt, noch Objekt, noch Urteil. Die sprachliche Formulierung „Ein-Alles" ist im aussagenden Denken widersprüchlich: „Ein" (als *ein* einzelnes) ist Negation zu den *„vielen* einzelnen".

Eine Kontradiktion kann nicht wahr (identisch) sein. Aussagen können nur von einzelnen über andere *einzelne in ihrem Verhältnis zu anderen* gemacht werden. (Worüber und „zu wem" sollte das Ein-Alle „etwas" „aussagen"?) Nur um dieses Verhältnis zu ordnen, gelten die logischen Axiome: Aussagen über das *Ein-Alle* gelten dem Denken in Kategorien als unlogisch, irrational und falsch.

> *Aussagen über das Eine sind nicht falsch, sondern unlogisch. „Falsch" als Gegensatz zu „wahr" ist etwas nur, wenn es einen logischen Widerspruch enthält. Einen solchen stellt das Eine nicht dar. Es kann nicht Gegenstand einer zweiwertigen (wahr-falsch) Logik sein. Es zu fassen, dazu bedarf es einer dreiwertigen Logik.*

Vom „logischen"
Anthropomorphismus des Westens

Der scheinbare „Zwang" des westlichen Menschen, die
Welt nach seinen Vorstellungen interpretieren zu
müssen, hat zur Zweiteilung der Welt in ein „Dies-" und
„Jenseits" geführt. Dabei ist das Diesseits gestaltbar,
während man sich dem „Jenseitigen" ausgeliefert fühlt.
Es kommt dabei zu Abhängigkeiten von Ahnen,
Geistern und Dämonen bis hin zu Göttern oder zum
patriarchalischen Eingott.

Nach Sigmund *Freud* (1856—1939) hat nicht Gott die Menschen erschaffen, sondern haben sich die — rational denkenden — Menschen Gott (oder: die Götter) geschaffen: nach üblicher These ein Widerspruch! Auch passen im Bereich der Vernunft „Diesseits" und „Jenseits" nicht zusammen. Sie sind wesensverschieden und müssen widersprüchlich bleiben. Damit wird das „Jenseitige" zum A-Rationalen und zur reinen Glaubenssache, von dem die Wissenschaft Abstand nehmen muß.

In den östlichen Philosophien ist es zu dieser widersprüchlichen Zweiteilung gar nicht erst gekommen. Es gibt dort daher auch keine Schwierigkeiten mit dem „Jenseits". Ja, es „existiert" im Osten gar nicht! Das *Nirwana* ist kein Jenseits, sondern die *geglückte Überwindung des Samsara*, des ewigen Kreislaufs des Weltgeschehens und Lebens von Geburt zu Tod und neuer Geburt.

Für den Westen ist die Zweiteilung der Welt in Subjekt-Objekt Faktum und Methode zugleich.

Der westlich, also *vernünftig* denkende Mensch hat seine Vernünftigkeit zur *alles erklären könnenden Methode* ausgeweitet. Er gibt sich der Illusion hin, daß diese Methode zur *einen, „absoluten"* Wahrheit führt. Vor allem das 3. logische Axiom — etwas ist *wahr* oder *falsch;* ein Drittes ist nicht möglich — entspricht rein westlichem Denken.

„Wahr ist, wenn eine Aussage mit der Tatsache übereinstimmt." So lautet die *Tarskische* Definition der Wahrheit im philosophischen Positivismus, in der Logik und auch in der Mathematik. Alfred *Tarski* (geb. 1901) ist ein polnischer Mathematiker und Logiker, der den Wahrheitsbegriff für einen Begriff der Semantik (=Bedeutungswissenschaft) hält. Das 3. logische Axiom — etwas ist *wahr* oder *falsch;* ein Drittes ist nicht möglich — gilt aber nur für das widerspruchsfreie (duale oder zweiwertige) Denken der Vernunft und nur im Verhalten zwischen Subjekt und Objekt. Es hat weder im östlichen Denken noch außerhalb des Rationalen Gültigkeit! Für die nicht positivistische Philosophie (für den Monismus, die Philosophie des Ostens, aber auch für den Glauben) ist Wahrheit anders definiert: „Wahr ist der Gegensatz selbst und nicht eine der beiden Aussagen, die ihn bilden!"

Auch in der christlichen Lehre (Konzilien von Nicäa 325, Konstantinopel 381) ist Gott dreieinig, ist Vater, Sohn und Heiliger Geist in *Einem* (fälschlicherweise meist als „in einer Person" bezeichnet). Logisch ergibt dies eindeutig einen Widerspruch. Es ist auch für das Christentum völlig unerheblich, ob die Himmelfahrt Christi der logischen

Forderung nach Identität von Aussage und Tatsache entspricht. Sie gilt innerhalb des religiösen Denkens als *wahr* und *ist gar kein Problem von Aussage und Tatsache.* Das Problem einer Glaubenswahrheit, die nicht auf Logik beruht, ist nicht, ob ihre Aussage mit einer Tatsache übereinstimmt oder nicht: Wahrheit ist im Glauben anders definiert!

Eine behauptete Wahrheit im Mythos (jedes Wunder Christi also, aber auch all die „unwahrscheinlichen" Berichte im Alten Testament) muß nie Tatsache gewesen sein! Sie kann deshalb auch den Naturgesetzen widersprechen! Weil es sich dabei nicht um eine Wahrheit handelt, die in der Alternative von *wahr* und *falsch* steht! Sondern weil der Widerspruch selbst wahr ist! Hier tritt uns Geläufiges auf dem Gebiet unserer gewohnten Religion entgegen — und entsteht doch aus einem Denken, das identisch ist mit dem des Ostens.

Der zureichende Grund

Das 4. logische Axiom (der Satz vom zureichenden Grund: dieser Grund darf keine kausale Ursache, sondern muß eine Erkenntnis sein) ist aus den vorhergehenden drei Axiomen *nicht* ableitbar. Es stellt einen neuen, unabhängigen Grundsatz dar. Er macht den Logikern seit jeher Schwierigkeiten: Weil deutlich wird, daß die Vernunft nicht auf nur einen Grundsatz (und seine Negation) zurückgeführt werden kann; sie bedarf zweier Begründungen und nicht der Bejahung und Verneinung allein!

Im Osten war das niemals bezweifelt worden: Dort war schon immer die Rede gewesen von zwei Prinzipien: *Yin* und *Yang* nämlich. Diese stehen einander aber nicht wie „A" und „B" im 2. logischen Axiom entgegengesetzt gegenüber, sondern bilden keinen Widerspruch und formen eine Einheit, die ohne das andere nicht wäre. Yin und Yang sind ebenfalls voneinander *nicht* ableitbar!

Mit Hilfe der ersten drei Aristotelischen Kategorien kann daher sowohl die Axiomatik der zweiwertigen Logik als auch die dreiwertige mystische Polarität von Yin und Yang verstanden werden:

• die Substanz *ist* Identität. Nach dem 1. logischen Axiom ist Identität jedes Einzelne oder jede Aussage, die mit den Tatsachen übereinstimmt; nach östlichem Denken ist Identität *das Eine* oder *Tao*

• die Quantität *ist* das Wesen des Vielen. Das 2. logische Axiom ergibt aber nur Sinn, wenn es mehrere Einzelne gibt, also viele Dinge; im östlichen Denken gibt es auch diese Vielheit: als *Maya* (oder Illusion)

• die Qualität beschreibt das Wesen(tliche) von etwas (*Einzelnem*). Im östlichen Denken ist es das *Te,* die „Tugend", die das Wesen(tliche) vom *Allen* ausmacht. Das Wesen(tliche) kann aber auch als *zureichender Grund* im Sinne des 4. logischen Axioms gesehen werden. Denn:

Kommt dieser zureichende Grund „ins Sein",

verwirklicht er sich als ein einzelnes Daseiendes und wird als Natürliches *eins, gut, schön und wahr*. In der Scholastik galt daher der Satz: *Ens et unum, verum, bonum, pulchrum convertuntur.* (Das Sein und das Eine, das Wahre, das Gute und das Schöne fallen zusammen.) Dies ist die Bestimmung des Wahren *außerhalb der Wahr-falsch*-Alternative der zweiwertigen Logik. Im östlichen Denken entspricht dieses Zusammenfallen von Einem, Gutem, Wahrem und Schönem dem *Te*. Es ist dies ein Ausdruck, der — wie das *Tao* — schwer übersetzbar ist. Meist wird für ihn der Begriff „Tugend" verwendet. Und dieser Begriff ist uns ja aus der sokratischen Philosophie gut bekannt.

Die übrigen sieben Kategorien des Aristoteles (von 4 bis 10) beschreiben ausschließlich Bedingungen des Raum-Zeitlichen und sind im östlichen, nicht-analytischen Denken von untergeordneter Bedeutung. Sie gelten als Täuschungen und sind für den Suchenden unerheblich.

Die westliche Logik teilt die Welt in Subjekt und Objekt, die westliche Religion in Diesseits und Jenseits. Wahrheit ist dabei jeweils anders definiert. Im Denken des Ostens kommt es nicht zu solchen Widersprüchen: Wahr ist allein das Ein-Alle.

Mystik im Osten
und in der Religion im Westen

Der Osten versucht, die Welt ohne Analysen und Hierarchien zu begreifen. Dies ist aus westlicher Sicht „unlogisch": weil die Vernunft nicht als allein gültiges Maß genommen wird. Auch in den Religionen des Westens gilt die Vernunft nicht als Maß. Der Glaube an das Geschiedensein von Gott gilt im Osten als irrig, in den Religionen des Westens als „(erb)sündig" („Verlust des Paradieses").

Widersprüche sind für den östlichen Menschen bloß scheinbare. Sie sind mit Hilfe der Vernunft erkannte Erscheinungen, die es in der Realität nicht gibt. Die Welt ist nicht widersprüchlich — nur dem Ich erscheint sie so. Dieses empfindet sich von der Welt abgeschieden. Ich bin Ich — alles andere ist Nicht-Ich. Das Nicht-Ich ist mir fremd und feindlich. Aber dieses Nicht-Ich bestimmt mich und mein Begehren, es übt Zwang aus, macht mich unfrei und läßt mich leiden: solange „ich" nicht erleuchtet „bin". Die Sprache reicht nicht aus, etwas auszudrücken, das sich nicht auf mein Ich oder meine Welt bezieht. Wir können nicht reden, ohne den Widerspruch Ich — Welt in Sprache miteinzubeziehen. Die Sprache (der Großteil der westlichen Sprachen) ist auf diesem Subjekt-Objekt-Widerspruch aufgebaut. Benützen wir diesen Sprachcode, können wir über das Phänomen der Erleuchtung nicht sprechen. Wir denken aber stets in Sprache! Dabei führen wir den Subjekt-Objekt-Widerspruch mit. Das — für uns unübliche, weil nicht subjektiv-objektiv ausgerichtete — östliche Denken läßt sich nicht vollständig in unserer Sprache mitteilen.

Wieso „versetzt der Glaube Berge"?

Es ist auch nicht leicht, christliche Glaubens-wahrheiten widerspruchsfrei zu referieren. Was heißt „Auferstehung", „Verklärung", „im Himmel (in der Hölle) sein"? Was versteht man unter göttli-cher „Gnade", unter christlicher „Offenbarung", un-ter „Heiligem Geist"? Es sind Begriffe, die über den Bereich Ich und Welt hinausweisen. Wir nennen ein solches Denken „Glauben", „Konfession", „Re-ligion", „Mystik". Zu diesen beiden Möglichkeiten der Weltsicht — der rationalen und der mystischen — sind wir offenbar „verurteilt": weil wir aus der Einheit der Welt „gefallen" sind.

Im Mythos der (abendländischen) Religionen ist dieses Herausfallen des Menschen aus der Einheit der Welt (dem „Paradies") literarisch („biblisch") aufgearbeitet: im „Sündenfall". Dem biblischen My-thos entsprechend hat der Mensch vom „Baum der Erkenntnis des Guten und des Bösen" gegessen. Als Folge sind ihm „die Augen aufgetan worden" (1. Mose 3; 5—6). Er ist mit diesem „Essen" ins „Licht" der Vernunft („Geist") und ins „Dunkel" der Gefüh-le („Leib", Trieb) getreten. Im jüdisch-christlich-isla-mischen Glauben wird dieses Vernünftig-Werden

auf die „List der Schlange" (also des Satans) zurückgeführt (1. Mose 3; 1).

In der analysierenden, vernünftigen abendländischen Philosophie ist der mythologische „Sündenfall" zum „*Leib-Seele*"- oder „*Körper-Geist-Problem*"
geworden. Dessen Hauptfragen: Wie können We-
sensverschiedene wie Körper und Geist (also Stoff-
liches und Gedankliches) zusammenwirken? Und:
Verändern Ideen die Welt? Die europäische Philo-
sophiegeschichte ist bis heute von diesem Widerspruch geprägt. Im östlichen Denken war es zu dieser Differenzierung nie gekommen.

Die Schizophrenie des Alltags

Die Akupunktur ist ein Beispiel für diese andere
Denkart, in der Körperliches und Geistiges eine
Einheit bilden. Im Westen brauchte die Schulmedizin Jahrzehnte, um psychische Krankheiten anzu-
erkennen. Die Ablehnung *Freuds* ist typisch für das
„aufklärerische" Denken des Europäers.

Das tägliche Leben läuft im Westen quasi-schizo-
phren ab, wenn wir rational überlegen, aber emo-
tional handeln. Wir sprechen von der *Schizophrenie
des Alltags,* dem „*ganz normalen Wahnsinn*" und
meinen den Widerspruch zwischen Vernunft und
Glaube (Hoffnung). Ihn lassen wir in der Praxis bestehen und leben scheinbar unbeirrt weiter: wenn
wir uns für „vernünftiges" Handeln entscheiden,

weil — wie wir meinen — in diesem Bereich Glaube oder Hoffnung keinen Platz haben. Ein Beispiel: die rationale Entscheidung der Verantwortlichen in der Wirtschaft, die Wechselparität einer Währung zu ändern. Dann wiederum verbleiben wir ganz im Bereich der — irrationalen — Hoffnung: beim Glücksspiel etwa. Letztlich macht viele dieses beständige Auseinanderklaffen von Vernunft und Glaube krank. Die Folge: psychosomatische Erkrankungen, Alkoholismus breiter Kreise oder Drogensucht — meist — Jugendlicher. Ideologien und Sekten erhalten vermehrt Zulauf.

Das Rätsel der Koans

Östliches Denken und westlicher Glaube überwinden beide die Vernunft. Denn nur die Vernunft setzt sich mit den Verlockungen und Geißeln des Alltags auseinander und trachtet die sich daraus ergebenden Widersprüche (Begierden, Leiden, *„Samsara"*) aufzulösen. Östliches Denken durchschaut dieses *„Samsara"* als Illusion und versucht durch verschiedene Praktiken (Meditation, Yoga, Fasten oder durch das Lösen sogenannter Koans) die ans *„Samsara"* gebundene Vernunft zu überwinden. Koans sind dem Verstand widersprüchliche Rätsel, für die es im Rahmen der Vernunft, also über das Mittel der Logik, keine Antwort gibt. Etwa: *Wie klingt das Geräusch einer (einzelnen, applaudieren-*

den) klatschenden Hand? Ein anderes: *Wo bleibt die Faust, wenn die geballte Hand wieder geöffnet wird?*

Beide Fragen sind für den vernünftigen Verstand widersinnig und unlösbar. Das Wesentliche des Klatschens sind zwei Hände, die flach aufeinander geschlagen werden. Wie aber kann *eine* Hand, ohne auf eine andere zu schlagen, klatschen? Dieser Widerspruch kann im vernünftigen Denken nicht bestehen bleiben. Also *muß* dieses Koan als unsinnig eingestuft und abgelehnt werden.

Koans aber als unsinnig zu werten hieße den Sinn der Koans mißzuverstehen. Das wesentliche an Koans ist es ja, die Vernunft ad absurdum zu führen. Zen-buddhistische Mönche mühen sich monate-, wenn nicht jahrelang, ein Koan *ohne Zuhilfenahme der Vernunft* zu lösen.

> *Auch im (religiösen) Glauben des westlich Denkenden wird die Vernunft negiert, wenn Hoffen und Vertrauen als Ausdrücke des Glaubens an ihre Stelle treten. Glaube, Hoffnung, aber auch Liebe kommen dort zum Einsatz, wo die Vernunft keinen Ausweg mehr weiß: sie also einen Widerspruch nicht mehr lösen kann. Koans hingegen werden gezielt eingesetzt, um die Vernunft auszuschalten und die Trennung zwischen Ich und Welt zu überwinden.*

Monismus, Kausalität und Negation

Die Polarität von Yin und Yang, den weltkonstituierenden Prinzipien, gründet im Tao, dem Urgrund der Welt. Yin ist das weiblich-passive Prinzip und steht für „negativ", „irdisch" und „Dunkelheit". Yang ist das aktiv-männliche Prinzip und „positiv", „himmlisch" und „Licht". Tao ist aber als „Urgrund" nicht „erste" Ursache in der falschen Gleichsetzung von „Grund" und „Ursache"!

Im Osten ist das Denken in Ursachen (Kausalität) seit *Lao-tse* als Methode der Vernunft durchschaut. Kausalität kann im östlichen Denken nicht als (Erklärungs-)Grund für die Welt gelten. Sie ist nicht ein Prinzip, dem sich die Welt unterordnet. Vielmehr ist Kausalität die Art und Weise unserer Schlußfolgerungen, daß jedes Geschehen eine Ursache hat! Daß diese Auseinanderfolge (und nicht Aufeinanderfolge!) zweier Ereignisse notwendig immer gleichbleibt, ist durch nichts gesichert. Nehmen wir das trotzdem an, nennen wir diese Erkenntnismethode *Induktion*.

Schon der englische Empiriker David *Hume* (1711—1776) hatte die Induktion als unempirisch und deshalb unwissenschaftlich abgelehnt. Er hat auch bewiesen, daß der Mensch Kausalität niemals wahrnimmt:

„Kein Gegenstand enthüllt jemals durch die Eigenschaften, die den Sinnen erscheinen, die Ursachen, die ihn hervorgebracht haben, noch die Wirkungen, die aus ihm entspringen werden; auch kann unsere Ver-

*nunft ohne Beistand der Erfahrung niemals irgend-
welche Ableitungen in bezug auf wirkliches Dasein
und Tatsachen vollziehen... Alle Ableitungen aus Erfahrung sind daher Wirkungen der Gewohnheit,
nicht der Vernunfttätigkeit."*

Auch der österreichische Philosoph Sir Karl Raimund *Popper* (geb. 1902) lehnt die Induktion ab.
Für ihn ist sie bloße Vermutung, da Aussagen niemals endgültig verifizierbar, sondern nur falsifizier-
bar sind. Für Rudolf *Carnap* (1891—1970) aus dem
„Wiener Kreis" ist sogar die Welt logisch aufgebaut.
Die Induktion als wesentliche Methode in der Logik ist ihm gültig! Der Streit um die Gültigkeit der
Induktion schwelt noch, und *Popper* beklagt:

*„Doch nur wenige Philosophen würden sich der
Auffassung anschließen, ich hätte das Induktionspro-
blem gelöst. Nur wenige haben sich die Mühe gemacht,
meine Auffassung zu diesem Problem zu studie-
ren . . ."*

Das Eine und die Logik

Das östliche Denken ist frei von solchen Widersprüchen. „Urgrund" oder *Tao* hieß dort niemals
„erste Ursache", sondern das — kausal unverur-
sachte — *Eine*. Es konstituiert sich polar. Werden
diese Polaritäten zu *logischen* Widersprüchen, wird
das Bejahte „gut" und das Verneinte „böse": Das,
was ist, ist wahr, also auch gut. Und das, was nicht

(wahr) ist, ist falsch, also nicht gut oder böse. In der allen Kulturen üblichen Vermenschlichung (Anthropomorphisierung oder Dämonisierung) von Prinzipien wird „das Gute" zum — bejahten — „Gott", „das Böse" zum — verneinten — „Teufel". Widerspruch bedeutet in menschlicher, also anthropomorpher Sicht immer Kampf.

Die Einheit der Welt ist in einem solchen Denken allerdings schon verlorengegangen. Der Verlust wird im entsprechenden Mythos auch stets beklagt: im Judentum als „Sündenfall", im Christentum als „Erbsünde", durch die Adam und Eva zur Erkenntnis kamen. Im Westen (und in den westlichen Religionen) ist „Erkenntnis" aber stets gleich „Vernunft". Und diese ist „(erb-)sündig".

Die verlorengegangene Einheit finden wir auch in der Axiomatik der Logik! *Hegel* hat auf dieser logischen Einheit sogar sein ganzes System aufgebaut! Die Parallele zwischen östlichem Denken und logischer Axiomatik liegt dabei vor allem in der Unbegründetheit beider:

Aber: bei „A = A", dem „Satz der Identität", wird diese Identität ausgesagt. Beide „A" symbolisieren dasselbe. Das ostische Eine ist hingegen in *Yin* und *Yang* geschieden („A", „B"), wird aber durch deren untrennbare Einheit von *selbst* zur *Identität!* Diese Identität *(Tao)* ist also keine Aussage, sondern *reines Selbst!* Formalisiert läse sich das: „A = B" — was natürlich logisch widersprüchlich (falsch) ist, dennoch aber *die* Wahrheit meint.

Wir haben hier ein formalisiertes *Koan* vor uns. Das Eine (die Identität) ist — im Unterschied zum

logischen Satz der Identität — nicht ununterschiedenes, *ausgesagtes* Eines, sondern *selbst* Geschiede-
nes! Yin und Yang ergeben die Welt erst durch ihr
unterschiedenes Beieinander! Die Welt besteht weder
aus der Ununterschiedenheit von Yang und Yin
(„A = A") noch aus ihrem Auseinander („A = B")!

Wäre Ununterschiedenes, wäre Nichts.

Wäre aber Auseinander, wäre nicht Identität,
sondern Widerspruch im Sinne von „A ist B". Um
diesen Widerspruch aufzulösen, muß die Vernunft
die Negation einführen und „nicht B" setzen. In
dieser formalisierten Negation bildet sie dann das 2.
logische Axiom, den „Satz vom Widerspruch". Die
Verneinung ist die Methode der Vernunft!

Es sei erinnert, daß Satan als der Verneiner
schlechthin gilt und Adam und Eva aufforderte,
Gottes Gebot zu übertreten (=zu verneinen). „Paradies" ist die biblisch-mythologische Bezeichnung
für die Einheit des *Selbst*, die keine Negation kennt.
So mußte — nach der Bibel! — die Negation erst
durch den Verneiner von außen herangetragen werden!

> *Das Eine (das Selbst) oder die Identität wird*
> *im Westen durch das 1. logische Axiom und*
> *das Ichbewußtsein ausgesagt. Im östlichen*
> *Denken wird das Eine als das untrennbare*
> *Zusammenspiel von Yin und Yang gesehen.*

Geschlechtlichkeit
als Widersprüchliches

Im Westen wird die ursprüngliche Polarität von Mann und Frau in der Emanzipationsbewegung geleugnet und als aufzuhebender Widerspruch gedeutet. Im Osten dagegen gilt die Mann-Frau-Beziehung nach wie vor als eine notwendige (metaphysische und damit unauflösbare) Einheit.

Die Geschichte des Mann-Frau-Verhältnisses im Westen zeigt die Unterdrückung der Frau und die Glorifizierung (Überwertung) des Mannes. Ein Ausflug in die Sprachkunde ergibt das bekannte Beispiel: „herrlich" leitet sich von „Herr", „dämlich" aber von „Dame" her. Auch der Spruch *„Die Frau schweige in der Kirche"* läßt tief blicken.

Die Frau im Osten ist auch nicht als emanzipiert oder gar „gleichberechtigt" zu sehen. Vielmehr ist die Frau etwa in China strikte auf ihre weibliche Rolle reduziert. Dem „Aufgeklärten" im Westen drängt sich sofort die Frage auf: Wie konnte im Osten — der ja mit Polaritäten anders umgeht als der Westen! — die Frau *auch* „unterdrückt" werden?

Die Frau im Osten ist ganz auf ihre Yin-Rolle fixiert, also auf das wesentlich Weibliche, das Bewahrende, Ruhende. Das wird im Westen unter anderem von der Emanzipationsbewegung attackiert: man spricht da von einer „Reduzierung" der Frau auf ihre Rolle als Gattin und Mutter. Der Japaner spricht nicht von „seiner" Frau, nur von „der Person zu Hause". Dies klingt für uns beleidigend und entindividualisierend. Es entbehrt aber des Besitzanspruches. Einen Menschen zu „besitzen" entwürdigt diesen zu einer Sache. Nur Sachen können „besessen" werden. Wie sollte man einen Menschen mit Würde „besitzen" können? Für den Japaner ist die Frau nicht „sein" Besitz. Sie ist traditionellerweise jene Person, der die Rolle der Familienintegration — zu Hause — zukommt: als Gattin und Mutter der gemeinsamen Kinder. Erst diese Dreiheit — Gatte, Gattin, Kind(er) — bildet die *Familie:* Die Eheschließung ist die Voraussetzung für Kinder. Gebärunfähigkeit der Frau gilt auch heute als kirchlich anerkannter Scheidungsgrund (und ebenso in den östlichen Kulturen!).

Gleichberechtigung und Gleichwertigkeit

Recht ist immer rational — es ist die Gesamtheit aller Bestimmungen, die die Ordnung der sozialen Beziehungen einer Gemeinschaft festlegen. Ein Gesetz dient dazu, erwünschtes Verhalten als Norm für alle verbindlich zu erklären. Recht sieht von den Wesensunterschieden und der Individualität der Menschen ab. Die Gleichheit aller Bürger vor dem Gesetz gilt als fortschrittlich und ist in demokratischen Verfassungen festgeschrieben.

In weniger „fortschrittlichen" Staaten ist zwischen Mann und Frau — auch in der Gesetzgebung

— unterschieden. Dort sind Mann und Frau nicht gleich*berechtigt*. Sind sie gleich*wertig*?

Der Begriff „Wert" ist in der Wertmetaphysik des deutschen Philosophen Max *Scheler* (1874—1928) die Qualität (das Wesen-tliche) eines Einzelnen, eines Da-seienden. Er ist dem Da-seienden eigen *und macht es erst zu dem, das es „eigentlich" ist.* Dem gegenüber steht die positivistische Sicht des Wertes, nach der Tatsachen oder Gegenständen ein Wert erst in dem Augenblick zukommt, da sie für einen Menschen Bedeutung gewinnen, indem er etwa zu einer Tatsache, einem Gegenstand oder einem Menschen Stellung nimmt. Wird die Frau als bloßes Sexualobjekt bewertet, würde sie im Sinne der Wertmetaphysik aus ihrem Wesen gelöst und auf ein Lustobjekt für die bloße Triebbefriedigung des Mannes reduziert. Für den Wertpositivismus wäre eine solche „Reduzierung" gar keine: Für *diesen* Mann in *dieser* Situation ist *diese* Frau Lustobjekt. Dies wäre wertfrei. Doch wird dies von den Emanzen negativ bewertet! Wertmetaphysisch gesehen hat die Emanzipationsbewegung recht, wertpositivistisch ist die negative Bewertung genauso *wertvoll* wie die positive!

Der Osten denkt wertmetaphysisch

Im östlichen Denken gibt es keinen Wertpositivismus, sondern nur eine der Wertmetaphysik äquivalente Wesensschau! Das Herausreißen des bloß Sexuellen aus der Einheit des Weiblichen (wie es im Westen etwa in der Pornographie oder im Dirnentum geschieht) ist in östlicher Sicht undenkbar. Die japanische Geisha ist daher niemals eine Prostituierte im westlichen Sinn, sondern eine Frau, die sich — inklusive dem Geschlechtlichen — dem Mann in ihrer Weiblichkeit gibt. Und das umfaßt immer mehr als das bloße Sexuelle! Das Weibliche — und damit auch das Sexuelle — gehört wesentlich zur Mann-Frau-Beziehung. Und künstlerische Darstellungen des Sexuellen gab es dementsprechend in Hülle und Fülle — aber sie waren stets eingebunden in den Eros der Vereinigung von Mann und Frau im Sinne der Einheit von Yang und Yin. Östliche Liebesdarstellungen sind daher in diesem Sinne nie pornographisch. (Dabei werden nach deutschem Gesetzestext unter Pornographie „Darstellungen in Wort und Bild" verstanden, „die ohne gedankliche Inhalte sexuelle Reize auslösen und die nach allgemeinen Wertvorstellungen gezogenen Grenzen des sexuellen Anstandes überschreiten".)

Gegen die östliche Sicht der Geschlechtlichkeit stehen die Sexualfeindlichkeit des Judentums und die Frauenfeindlichkeit im Christentum: Die Frau mit ihrer Leiblichkeit (hier reduziert auf Sexualität) „verführt" den Mann aus seiner „Geistigkeit". Das Sexuelle ist im jüdisch-christlich-muslimischen Monotheismus daher als ganz besonders böse verpönt und auf das bloß Notwendige der Fortpflanzung beschränkt. Die Abwertung der Frau war logische Folge solchen Denkens.

Aus diesem einseitigen Aufwerten des Männlichen resultierte im Westen auch eine andere Bewertung des Begriffes „Wert". Wir verstehen unter „Wert" im Wertpositivismus nur die Bewertung einer Sache oder eines Menschen (den wir damit übrigens versächlicht haben) nach unserem *subjektiven* Dafürhalten. Dabei galt es in patriarchalisch strukturierten Gesellschaften als durchaus wünschenswert, daß die Frau die Bewertungskriterien ihres Mannes zu übernehmen habe. Damit wurde das subjektive Dafürhalten zum objektiven: als — männlich dominierte — Moral. Solchermaßen objektivierte Werte wurden und werden als Gesetze kodifiziert. Oder ihre Einhaltung wird als Sitte von jedermann (jeder„frau") erwartet. Mit dem Eigenwert (= *Qualität*) eines Da-seienden (Einzelnen) im Sinne östlichen Denkens oder des Wertabsolutismus im Sinne der deutschen Wertmetaphysiker Scheler oder Nicolai *Hartmann* (1882—1950) hat dieser „Wert" allerdings nichts zu tun. Für Scheler und Hartmann sind Werte absolut und Teil der „himmlischen" („göttlichen") Ordnung.

Der östlich Denkende versteht sich nicht als aus der Allgemeinheit losgelöstes Individuum. Er sieht sich stets eingebunden in sein Volk und in seine Zeit. Erst als Teil dieses Ganzen erhält der im östlichen Denken Eingebundene sein Eigen- und/oder Selbstverständnis. Und als Teil dieses Ganzen sieht er sowohl *seine* Aufgabe als auch die der Frau in der Gesellschaft. An erster Stelle fühlt sich etwa der Japaner und Chinese immer als Teil seines Volkes, dessen kleinste Zelle die Familie ist. Die Krönung des Ganzen stellt der Kaiser dar. Nur vom westlich Denkenden in der nachaufklärerischen Ära werden soziale und politische Gegensätze wie arm und reich, gesund und krank, männliche Dominanz und weibliche Unterordnung nicht mehr als „gottgegeben" und „erduldenswert" akzeptiert. Dem östlich Denkenden hingegen ist ein solches „Ertragen" „natürlich". Daher auch empfindet sich ein japanischer Arbeiter, der nur widerwillig seine Handvoll Urlaubstage pro Jahr nimmt, nicht als ausgebeutet. Und „seine" Frau fühlt sich nicht unterdrückt. Ein gewerkschaftlich organisierter Österreicher oder Deutscher mit fünfwöchigem Urlaubsanspruch versteht seinen japanischen „Kollegen" nicht! Und eine „emanzipiert" erzogene Mitteleuropäerin oder Nordamerikanerin kann ihre asiatische Geschlechts„genossin" nicht begreifen. Genauso unbegreiflich ist es den schon westlich denkenden jungen Asiatinnen, daß noch ihre Mutter sich mit ihrer „unemanzipierten" Rolle begnügte.

Akzeptierte Polarität verlangt nach Gleichwertigkeit, emanzipierte rationalisierte Gegensätzlichkeit aber nach Gleichberechtigung! Im Osten ist man um die Erhaltung der Polarität von Mann und Frau als Wert der Einheit bemüht, im demokratischen Westen strebt man nach gleichen Rechten für beide Geschlechter. Der Osten handelt wertmetaphysisch, der Westen wertpositivistisch.

Technik und Religion bewältigen Widersprüche

Die Widersprüche zwischen Mensch und Natur fordern zu ihrer Bewältigung Techniken, mit deren Hilfe permanent Neues geschaffen wird. Das Neue ruft abermals Widersprüche hervor, die „fortschreitend" überwunden werden müssen. In den westlichen Religionen müssen die Widersprüche zwischen Gott und Mensch „gelöst" werden. Diese über die Zeiten gehende Entwicklung wird unter dem Begriff Heilsgeschichte zusammengefaßt und bewegt sich auf die Heilserwartungen (Jüngstes Gericht, Gottesreich etc.) zu.

Wenn mich friert, erscheint mir Kälte als Widerspruch, der gelöst werden muß. Da ich mich nicht selbst verneine (außer im Selbstmord), muß ich die Kälte negieren. Also trachte ich, etwas zu schaffen, das diese Kälte von mir fernhält. Als Folge solcher Herausforderungen sind die Techniken entstanden, die das Überleben des Menschen garantieren. Als *animal rationale,* als „vernunftbegabtes Wesen", ist der Mensch im *Arbor porphyriana* („Porphyrischer Baum"; so benannt nach dem *Aristoteles*-Kommentator *Porphyrius)* eingeordnet. Nur mit Vernunft kann er die feindliche Umwelt meistern. Andere Lebewesen schaffen es durch andere Fähigkeiten: Schnelligkeit, Stärke, Tarnung, Mimikry etc.

Solange der Mensch das Meistern seiner Umwelt nur als Überlebensstrategie ansah, standen Vernunft und Umwelt im Einklang. Alle Kulturen haben ihre speziellen, umweltangepaßten Techniken entwickelt; nur die westliche hat ihre Technik so weit vorangetrieben, daß die Umwelt gefährdet ist!

Diese Entwicklung ist im jüdisch-christlichen Mythos der *Genesis* bildhaft angekündigt: *„Verflucht sei der Acker um deinetwillen, mit Kummer sollst du dich darauf nähren dein Leben lang"*, verheißt Gott dem ersten Menschen anläßlich dessen Hinauswurfs aus dem Paradies (1. Mose 3; 17). Und mit den Worten: *„Du sollst mit Schmerzen Kinder gebären; und dein Verlangen soll nach deinem Manne sein, und er soll dein Herr sein"* (1. Mose 3; 16) verurteilt er die Frau zum Widerspruch „ihrem" Mann gegenüber. Die von *Hegel* aufgezeigte Herr-Knecht-Problematik ist, der Bibel zufolge, gottgewollt.

*D*er Fortschritt ist unaufhaltsam

Auch die Technik liegt im Bannspruch des zornigen *Jahwe* begründet: Wer im Schweiße arbeitet, sinnt nach Abhilfe und Überwindung des Widerspruchs der Mühsal durch Technik.

Jede Erfindung trägt den Keim der nächsten Erfindung in sich: Kein Mensch kann auf Wasser gehen; also erfand der Mensch den Einbaum, aus dem später das Boot wurde. Dieses Boot konnte sinken. Das nächste Sinnen war, diesen neuen Widerspruch auszuräumen. Die Innovationen kulminierten in der *Titanic* — deren Untergang weltbekannt geworden ist. Es ist eben nur gelungen, *die Wahrscheinlichkeit des Sinkens eines Schiffes zu minimieren, nicht aber sie gänzlich auszuschließen.* So bleibt auf See nur das *Hoffen,* das Ufer heil zu erreichen.

Wie nahe doch Ratio und Mystik beisammen liegen! Nach Ludwig *Wittgenstein* (1889—1951) ist Glauben immer mystisch, weil irrational!

Für die Vernunft gibt es keinen Widerspruch, der bestehenbleiben kann. Erst die stets neuen Widersprüche garantieren den Fortschritt der Technik.

Rationalität im Mythos — ein Widerspruch

Das rationale Denken in ewigen Widersprüchen ist nicht auf das Weltliche allein beschränkt geblieben. Die rationale Denkweise ist auch in Mythen angewandt worden: Die Schöpfungsgeschichten der Welt sind Resultate falscher Anwendungsversuche rationalen Denkens auf Bereiche, die außerhalb der sinnlichen Erfahrung liegen. *Kant* nennt diese spekulativen Versuche der Vernunft „Metaphysik" und sagt: *„Gedanken ohne Inhalte sind leer."*

Im östlichen, polaren, aber nicht widersprüchlichen Denken ist die Welt ohne Anfang und Ende (*Tao*) und ohne Schöpfung (und Untergang). Im westlichen Denken ist jeder Schöpfungsmythos der Versuch einer Erklärung für Unerklärbares. Denn erklärt werden kann nur innerhalb des Erfahrbaren (des Immanenten). Erklären aber heißt: Vernunft anwenden; und verstehen: Vernünftiges einsehen. Unvernünftiges kann weder erklärt noch verstanden werden — man kann es glauben oder leugnen.

Vernunft, die Frage „Warum?" und die Angabe einer Ursache (Kausalität) hängen untrennbar zusammen. Die Grenze der Vernunft wird in den Schöpfungsmythen rasch erreicht: Obwohl die Kausalkette zwangsläufig ohne Anfang und Ende ist, wird sie mit dem Schöpfungsakt gekappt. Die Frage „Was war die Ursache der Schöpfung" darf nicht gestellt werden — weil sie kausal nicht beantwortbar ist. Jeder Schöpfungsmythos führt daher an die Grenzen der Vernunft!

Schöpfungsmythen sind unvernünftig

Die Schöpfungsmythen laufen in einer Serie von Widersprüchen ab, die durch Kämpfe zwischen meist vermenschlichten Göttern, Helden oder Übermenschen ausgeräumt werden. (Genügend Beispiele hierfür finden sich im Buch von Frederik *Hetmann*, „Die Göttin der Morgenröte — Schöpfungsmythen aus aller Welt", Fischer Taschenbuch 2867). Dabei ist der Kampf die übliche Methode, Widersprüche zu eliminieren: weil die irrationalen Polaritäten als rationale Widersprüche angesehen werden. Demzufolge beginnen Schöpfungsmythen entweder mit der *Vereinigung* zweier „Wesen" (Götter) oder mit dem *Kampf* zweier Mächte.

Am deutlichsten kann dies in der zarathustrianischen und der jüdischen Lehre beobachtet werden: Es kommt zum Kampf zwischen „den Söhnen des Lichtes" („Gott"; dem Guten) und den „Söhnen der Finsternis" („Satan"; dem Bösen). *Luzifer* (der „Lichtträger") wird von Gott gestürzt. Seither gibt es den Kampf zwischen dem „Allmächtigen" und Satan. Er darf nie entschieden werden: Der ewige Widerspruch wäre sonst gelöst und die Welt — die ja aus der Sicht der erklärenden Vernunft nur aus Widersprüchen besteht — vernichtet. Das wird sie übrigens auch im Mythos der jüdisch-christlich-islamischen Mythologie: am *„Jüngsten Tag", am „Ende aller Zeiten"* — und der Widersprüche.

Anthropomorphisierungen im Bibelmythos

Die Logik eines derartig konstruierten Mythos ist zwingend. Im Folgenden sind einige Anthropomorphisierungen (=Vermenschlichung; Übertragen menschlicher Erscheinungen und menschlichen Fühlens und Denkens auf Gott oder Götter) der Bibel durch Anführungszeichen markiert:

Gott und seine Erzengel „harmonisieren" „anfangs". Dann „lehnt" sich Luzifer gegen Gott „auf" — der „Abfall" Luzifers wird durch seinen „Sturz" „bestraft". Satans „Rache" folgt auf dem Fuß: Er „verführt" „Gottes Ebenbild" zum „Essen vom Baum der Erkenntnis des Guten und des Bösen".

Gott „bestraft" den von ihm „abgefallenen" Menschen und „verstößt" ihn aus dem Paradies. Die Augen gehen dem Menschen — wie von Luzifer „versprochen", jetzt tatsächlich auf: Er erkennt, daß er „nackt ist" (1. Mose 3; 10). Er ist der Einheit (= mit „Gott") „entfremdet" und „sündig geworden". Seine Rückkehr ins Paradies ist ihm verwehrt: „... und lagerte vor den Garten Eden die Cherubim mit dem bloßen hauenden Schwert, zu bewahren den Weg zu dem Baum des Lebens." (1. Mose 3; 24).

Der Anthropomorphismus findet seine Fortsetzung im Wirken *Jesu*. Auch sein Leben fügt sich widerspruchsauflösend in die Prophezeiungen: Der „verstoßene", dem *einen* Gott „entfremdete", „sündige" Mensch, vom Teufel „verführt", lebt jetzt außerhalb des Paradieses. In der „Welt der Vernunft" herrschen Mühsal, Krankheit und Begierde — in der östlichen Philosophie das „*Maya*". Nur sind die Wege zur Überwindung des „*Maya*" grundverschieden: Der östliche Gläubige versucht dem Teufelskreis von Begierde und Verführung („*Samsara*") durch Ichüberwindung („*Nirwana*") zu entfliehen. Dies erreicht er durch Meditation und Versenkung, jedenfalls aber durch Arbeit am *Selbst*.

Im Judentum und Christentum vermag der „in Sünde" lebende (das heißt, der von Gott verstoßene) Mensch *alleine* nichts. Er ist ja Gott „entzweit", ihm „entfremdet". Nur wenn das gesamte Volk (der Juden) die Gebote Gottes einhält, kann Gott versöhnt werden und den *Messias* schicken. Nur dieser — als „Sohn" Gottes (im Judentum: „Sohn Davids") — kann dem Menschen die Versöhnung mit Gott ermöglichen. Solange nicht *alle* Juden die Gesetze einhalten, wird *er* aber nicht „Wohlgefallen" finden an „seinem auserwählten" Volk und den *Messias* nicht schicken. Darum auch steht das Christentum im Widerspruch zum Judentum: Denn nach christlicher Lehre ist der Messias schon gekommen! Das „Volk Gottes" ist erlöst!

Folgt man der Erzählung vom Verlust des Paradieses, so *muß* ein Messias als Erlöser kommen, der „wahrer Gott und wahrer Mensch" ist (man beachte die so konstruierte *Einheit!*), und den Widerspruch der Entfremdung auflösen. Strittig ist nur: Kommt er wirklich? Und wenn ja: War er schon da? Und wenn er noch nicht da war: Wann kommt er? Es sind dies Unsicherheiten, die nur auf die Widersprüche der Ansätze zurückweisen.

Die Entwürfe rationaler Schöpfungsmythen widersprechen der östlichen Einheit von Yin und Yang bzw. dem „Samsara" und „Lila" (der göttlichen Kraft) der Inder. Die ursprüngliche Einheit (Tao) von Yin und Yang (der polaren Kräfte) im Taoismus und der Allseele des Brahman der alten Veden wird von Zarathustra erstmals nicht mehr als Identität (Monismus) verstanden. Die beiden Kräfte erhalten Widerspruchscharakter und zerfallen in die Zweiheit von Gut und Böse. In ihr bekämpfen sie einander — bis heute.

Westliche Philosophie
als Widersprüchliches

Aus den Widersprüchen der rationalisierenden Mystik in der Scholastik erfolgte in der Aufklärung die Rückbesinnung auf die Vernunft. René Descartes findet sein Fundament im Ich. Der Nachkantianer Johann Gottlieb Fichte setzt dieses Ich dann als Absolutes und Überindividuelles Gott gleich. Georg Wilhelm Friedrich Hegel bestimmt Gott als „absolute Vernunft". Sein Denkgebäude kulminiert in der Dialektik als eigentlicher Methode der Philosophie.

Wird Mystisches rationalisiert, entsteht *Theologie als die Wissenschaft vom Transzendenten*. Als „transzendent" gilt alles, was außerhalb unserer Erfahrung liegt! Jede Anthropomorphisierung des Transzendenten endet laut Sigmund *Freud* (1856—1939) in primitiver Religion. Er definiert Gott als Übervater. Auf ihn werden alle Wünsche, Hoffnungen und Abhängigkeiten vertrauensvoll projiziert. *Freuds* Projektionstheorie meint den Gott, den sich die Menschen nach *ihrem* Bilde entworfen haben. Den monistischen Gott des Ostens (*Tao, Brahman*) meint *Freud* nicht.

Im Westen ist das Ich das Zentrum des Menschen, der auf Grund dieses Identitätsbewußtseins des Selbst zum „Ebenbild Gottes" wird. Im Osten wird das Ich überwunden *und zum Selbst vorgedrungen*. Im Westen kommt das Selbst als „Seele" nur in der Religion vor.

Für *Platon* (427—347 v. Chr.) waren die Ideen als ewige Urbilder allein das Wahre. Die Welt und die Menschen galten ihm als vergänglich und von der Wahrheit der überweltlichen Ideen weit entfernt. Das *Höhlengleichnis* zeigt es:

Menschen sitzen angekettet in einer Höhle mit dem Gesicht zur Höhlenrückwand. Zwischen den Angeketteten und dem Höhleneingang lodert ein Feuer, dessen Licht auf die Höhlenrückwand fällt. Nun werden zwischen Feuer und Menschen allerlei seltsame Gegenstände vorbeigetragen. Diese können von den Gefangenen nur als Schatten an der Höhlenrückwand wahrgenommen werden. Für die Menschen in der Höhle stellen diese Schatten nun die eigentliche und einzig mögliche Wirklichkeit dar. Nur für den Außenstehenden wird klar, daß die Gefangenen bloße Schatten der Gegenstände wahrnehmen. Von der wahren Natur dieser Gegenstände haben sie keine Ahnung, geschweige denn eine Vorstellung. Die eigentliche (absolute) Wahrheit, das Licht außerhalb der Höhle, würden die Gefangenen nicht einmal dann wahrnehmen können, wenn man sie befreite und hinaus ins Freie führte. Vor lauter Helle würden sie geblendet die Augen schließen müssen.

Der Normalbürger erkennt nur die Schatten. Führte ihn ein Philosoph hinaus aus seiner Alltagshöhle und zeigte ihm die Wahrheit, könnte der Befreite sie nicht wahrnehmen. Nur Philosophen können „sehen", weil sie ihre Augen ans Licht der Wahrheit gewöhnt haben.

*D*as Ich als unmittelbar *Gewisses*

Der Sophist *Protagoras* (481—411 v. Chr.) hielt in seinem „Homo-mensura-Satz" den Menschen „*für das Maß aller Dinge*" und bezweifelte, daß der Mensch allgemeingültige Erkenntnisse gewinnen könne. Der Sophist *Gorgias* (483 bis um 380 v.Chr.) glaubte nur an die Macht des Wortes. Nicht die Ideen sind das (einzige, absolute) Wahre, sondern das Ich.

René *Descartes* (1596—1650), erster der Aufklärer, Mathematiker, Logiker, Moralist, Physiker und Philosoph, prägte den Satz: *Cogito ergo sum — Ich denke, daher bin ich.* Mittel für diese Erkenntnis ist der Zweifel: An allem kann ich zweifeln. Meine Sinne können mich täuschen, mir Falsches vorgaukeln. Nur eines ist mir gewiß: daß ich denke. Denken ist keine Sinneswahrnehmung, sondern Auseinandersetzung mit mir und der Welt.

Dieser Durchbruch im westlichen Denken führte zum Deutschen Idealismus. Seine bedeutendsten Vertreter sind *Kant, Fichte* und *Hegel*. Am radikalsten formulierte die neue Denkweise *Fichte* (1762—1814) in seiner ersten Grundthese: *Ich soll ich sein.* In der zweiten Grundthese fordert er: *Alles, was für das Ich ist, ist durch das Ich.* Damit wird das Ich als Prinzip absolut gesetzt. Selbst die Welt außerhalb des Ichs ist nur durch das Ich: als Nicht-Ich. *Fichte* formuliert daher weiter: *Alles, was ist, ist nur insofern, als es im Ich gesetzt ist, und außer dem Ich ist nichts.* Die Natur an sich ist nichts. Sie ist Natur nur als bloßer Widerspruch zum Ich als Nicht-Ich. Es muß Ziel sein, diese Natur zu beherrschen und damit den Widerspruch zu ihr aufzuheben. Nur so kann das Ich seine *reale Freiheit* erlangen. Diese äußert sich in praktischer Umgestaltung der Gesellschaft, in politischer Betätigung, in Wirtschaft und Wissenschaft.

Im idealistischen Denken muß dem Ideal etwas entgegengesetzt sein. Das Ideal oder Absolute steht der Welt immer entgegen! Damit herrscht Widerspruch, der überwunden werden muß. Idealismus ist daher Dualismus!

Für *Hegel* (1770—1831) wird dieser Widerspruch in der Welt *zur Grundlage seiner Philosophie.* Für ihn kann es nicht im Sinne der Vernunft sein, die Gegensätze „absolut" und „konkret" (Gott — Welt, Ich — Nicht-Ich, Sein — Seiendes) zu belassen. Die Vernunft soll zwischen den Gegensätzen vermitteln und sie aufheben. Dies erfolgt über die *Dialektik*! Einer gesetzten *These* folgt die Gegensetzung *(Antithese).* Beide werden in der *Synthese* aufgehoben, die nun zur *neuen These* wird. Der begonnene Prozeß von Setzen, Gegensetzen und Aufheben schreitet fort, bis das Absolute als Resultat begriffen ist.

Das Absolute

Für *Hegel* wird mit dem Setzen eines Widerspruchs, dem Aufstellen einer subjektiven Theorie die Einheit der Welt zerstört: Weil ein Subjekt immer dem Objekt entgegensteht! Jede These negiert ihre Antithese: Eine Behauptung ist mit ihrem Gegenteil widersprüchlich! Sie negiert damit die Totalität (=Einheit) der Welt (=des Absoluten). Für *Hegel* ist dieses leugnende, dichtome (=zweigeteilte) Vorgehen der Vernunft aber auch im Einklang mit dem Absoluten: These und Gegenthese bedingen einander und haben dadurch Anteil am Absoluten: weil der Begriff „Einander-Bedingen" das Einende beider Polaritäten ausdrückt. Dieses Einende *ist* nach *Hegel* das Absolute.

Im östlichen Denken entspricht dies dem *All-Einen (Tao)*. Die Parallele zwischen „These" und „Antithese" einerseits und „Yin" und „Yang" andererseits ist nicht zu übersehen. Und der „Weg" *Hegels* (die „Dialektik") erinnert an den „Weg" *Lao-tses* (das „Tao").

Negation und Vernunft

Ignorieren (Negieren) setzt das vorherige (Er-)Kennen des zu Ignorierenden voraus. Erst nach erfolgtem Erkennen kann ich etwas verneinen! In der Abhängigkeit von Erkennen und Ignorieren (Polarität) liegt Einheit (Absolutes)! Die Aussage: *„Nicht einmal ignorieren!"* bedeutet hingegen, daß der oder das zu Ignorierende nicht einmal erkannt wird. Also kann er/es auch nicht verneint werden! Es fehlt der *Negation* des Ignorierens *(Negation der Negation)* die Einheit des Widerspruchs. Sie hat daher *nicht* Anteil am Daseienden, am *All-Einen*, am *Hegelschen* Absoluten! *Die Negation der Negation nichtet!* Dabei bedeutet „nichten" „nicht sein" im Sinne von „niemals seiend gewesen sein". „Nichten" ist also viel stärker und qualitativ etwas völlig anderes als der Begriff „vernichten". Um etwas *ver*nichten zu können, muß seine Existenz vorher erkannt worden sein! Jedes Daseiende repräsentiert daher schon allein durch seine Existenz das Absolute.

Für *Hegel* ist die Vernunft *taugliches* Mittel, das Absolute zu erkennen. Das Absolute (Gott) ist für *Hegel* als Subjekt (Geist) die Vernunft schlechthin! Im Fortschreiten des zielgerichteten Prozesses der Geschichte kommt dieser Geist zu sich selbst. In ihm (als dem Absoluten *Selbst*) sind die Widersprüche zwischen Subjekt und Objekt, zwischen Idee und Natur endgültig aufgehoben. Das Absolute ist losgelöst von allen Widersprüchen. Es *(Es, Er)* ist *Eins*, indem sich der Geist zum Absoluten hin entfaltet. Die *Natur* ist die Negation des *Geistes*: der Geist setzt sich die Natur als sein Anderes entgegen. Mit der Gleichsetzung des Absoluten und der Vernunft durch *Hegel* wird die gesamte Geschichte „vernünftig", insofern sie wahr geworden ist. Gegenwart ist für *Hegel* die zur Wirklichkeit gewordene Vernunft: *„Was vernünftig ist, ist wirklich; und was wirklich ist, das ist vernünftig."*

Die Weltentwicklung deutet *Hegel* als Prozeß der Selbstentäußerung des absoluten Geistes, der sich im menschlichen Geist über drei Stufen bewußt wird: als Bewußtsein, als Selbstbewußtsein und als Vernunft. Nach *Hegel* erscheinen auf der ersten Stufe, dem *Bewußtsein,* die Dinge *„an sich"* als Empfindung, Wahrnehmung, aber auch schon als Verstand. Wird dieses Wahrnehmen als *„für sich"*-seiend begriffen, ist die Stufe des *Selbstbewußtseins* erreicht, das uns im Menschen entgegentritt. Dieses Selbstbewußtsein ist nur in Gesellschaft wirklich: Es bedarf vieler (mindestens aber zweier) Selbstbewußtseine (Ichs), um sich sowohl selbst bewußt zu sein als auch das jeweils andere als ein solches Selbstbewußtes *anerkennen* zu können. Die Vermittlung zwischen den Selbstbewußtseinen (die Kommunikation) garantiert die Vernunft.

Diese *Anerkennung* erfolgt nach *Hegel* in der Regel nicht freiwillig. Meistens kommt es zum Kampf um die Anerkennung der Selbstbewußtseine. Der Sieger geht daraus als *Herr*, der Verlierer als *Knecht* hervor. Der Knecht darf nun nicht vernichtet oder negiert werden, da dem Herrn sonst die Anerkennung des Knechtes versagt bliebe. Die Abhängigkeit zwischen Herrn und Knecht ist ja total: Ohne Knecht wäre der Herr kein Herr und ohne Herr der Knecht kein Knecht. Die Abhängigkeit von Herr und Knecht macht beide unfrei: Erst wenn das vernünftige Anerkennen beider sich durchsetzt, ist die Herr-Knecht-Problematik aufgehoben. Es herrscht praktische Freiheit.

Hegel erweist sich als selbstbewußter Aufklärer und Philosoph der Vernunft. Für ihn war nach dem Entwurf seines Systems eine andere Sicht von Philosophie gar nicht mehr möglich. Er selbst hielt sich allen Ernstes für den Vollender der philosophischen Tradition: Denn indem *Hegel* den absoluten Geist bestimmt hatte, war alles Denkbare in das Absolute zurückgekehrt: in und durch *Hegel* selbst!

Es resümiert: *„Bis hierher ist der Weltgeist gekommen. Die letzte Philosophie ist das Resultat aller früheren; nichts ist verloren, alle Prinzipien sind erhalten. Diese konkrete Idee ist das Resultat der Bemühungen des Geistes durch fast 2500 Jahre seiner ernsthaftesten Arbeit, sich zu erkennen."*

Die westliche Philosophie bedient sich der Methode der Vernunft, indem sie Fragen stellt und darauf antwortet. Dabei sind so viele Antworten möglich, wie Philosophen Fragen stellen. Die dabei auftretenden Widersprüche werden durch unterschiedliche Wahr-falsch-Setzungen gelöst. Erst Hegel findet durch die Synthese von These und Antithese, die dialektisch im absoluten Geist münden, eine spekulative Lösung.

Das Ich im Westen und im Osten

Für den östlich Denkenden werden das Ich und sein subjektives Begehren nur durch die äußerliche Welt (Karma) bestimmt. Dies entspricht dem westlichen Verständnis vom Ich: Das Ich vermittelt zwischen der Identität des Menschen (seinem Selbst) und der Umwelt. Diese Kommunikation mit der Außenwelt erfolgt über die Sinne als Sinneswahrnehmung. Unterschiedlich ist nur die Bewertung des Ich!

Unter „Empirismus" versteht man im Westen jenen erkenntnispsychologischen Standpunkt, dem zufolge alles Wissen ausschließlich durch Erfahrung und Wahrnehmung gewonnen wird. Dem Empirismus steht der „Rationalismus" entgegen: Nach ihm wird richtige Erkenntnis vor allem durch richtiges Denken gewonnen. Daher gehen die Rationalisten davon aus, daß es ein angeborenes Wissen gibt. Für Empiristen gibt es ein solches nicht. Das Bewußtsein des Neugeborenen läßt sich nach den Empiristen mit einem unbeschriebenen Blatt, einer *„tabula rasa"* vergleichen. Der bedeutendste Vertreter des Empirismus war der Engländer David *Hume* (1711—1776).

Für *Freud* ist das Ich nur jene Instanz, die zwischen dem „Es" als dem Triebhaften in uns und dem „Überich", dem Sollensanspruch, den die Gesellschaft an uns stellt, vermittelt. Für den Bürger etwa gilt es, seine persönlichen Wünsche und Bedürfnisse mit den Forderungen des Staates in Einklang zu bringen. Das Ich stellt die Brücke zwi-

schen dem Selbst des Menschen und der Sinnes-
und Gefühlswelt dar. Sinnes- und Gefühleindrük-
ke ändern sich dauernd — hier ist nichts Gewisses
vorzufinden: Alles ist in Bewegung.

*P*anta rei — *Alles fließt*

Von *Heraklit*, dem Vorsokratiker, wird dieser
Ausspruch hergeleitet. Wenn man Gewisses, Un-
veränderbares, Beständiges sucht, muß man das
Unwandelbare, Eine, Ewige, Ruhende dort finden,
wo das Viele, das Zeitliche, das Bewegte nicht sind.
Dieses „Wo" kann kein realer Ort sein. Es muß *jenseits* der raum-zeitlichen Welt „liegen".

Die sinnliche Erfahrung zeigt: Die Welt, wie wir
sie wahrnehmen, ist raum-zeitlich konstituiert.
Eine andere Welt erkennen wir nicht. Wenn wir sie
gedanklich konstruieren — als „Jenseits" etwa —,
besetzen wir diese Phantasiewelt mit irdischen Eigenschaften: schöner, besser, wohliger; oder grau,
öde und als Schattenreich bloß; oder als Hölle . . .

Fichtes Absolutsetzung des Ich war ein erster
Versuch, aus der bewegten Welt der Örtlichkeiten
ins undingliche, nicht auffindbare Ich zu entfliehen. Aber dieses Ich ist nicht unveränderbar: es
wandelt sich mit jeder Erfahrung. Seine Vergangenheit vermehrt sich mit jedem Moment, seine Zukunft modifiziert sich mit jedem Erlebnis: Das Ich
ist nichts Eigenständiges! Es ist Durchgangsstation

der Entwürfe eines Menschen, die vom erhofften Zukünftigen ins gelungene oder mißratene Vergangene strömen. Das Selbstverständnis des Ich ist Stimmungen unterworfen und der sozialen Anerkennung durch andere.

Dem Philosophen des Ostens ist dieses Ich daher suspekt und kein Fundament für den erstrebten „Ort der Ruhe". Vielmehr trachtet er, dieses Ich zu überwinden und vorzudringen zu jenem „Punkt", der das Eigentliche des Menschen ist: zum Selbst. „Punkt" ist dabei ein passender Begriff: Ein Punkt ist etwas im wesentlichen Ausdehnungsloses und dennoch nicht nichts. Das Umfeld, die Lage eines Punktes wirkt auf den Punkt nicht zurück. Er bleibt somit ein Punkt, was immer mit ihm geschieht.

Ein Ich bleibt aber nicht gleich Ich, sobald etwas mit ihm geschieht. Es ist davon abhängig, *was* mit ihm geschieht! Erst durch die Umwelt *wird* das Ich zu dem, was es letztlich ist: ein *Gewordenes*. Nach Karl *Marx* (1818—1883) wird die praktische Lebenstätigkeit der Menschen von den herrschenden Produktionsverhältnissen bestimmt.

„Es ist nicht das Bewußtsein der Menschen, das ihre soziale Stellung, sondern umgekehrt ihre gesellschaftliche Stellung, die ihr Bewußtsein bestimmt." (frei nach Marx).

Das Bewußtsein kann also für den Denker des Ostens nicht jener „Punkt" sein, der als ruhend und „ewig" gilt. Es muß vielmehr überwunden werden, damit man ins Unwandelbare (*„Satori"*, *„Nirwana"*) gelangt.

Das Selbst

Dieser „Punkt" ist dem Denker des Ostens das Selbst. Egal, wo sich das Selbst „befindet", es bleibt Selbst, es ist wie der Punkt immer gleich. Die Umwelt eines Selbst tangiert das Selbst nicht: dieses ist unwandelbar und unbeeinflußbar. „Wo" immer es ist, es ist nur Selbst.

Wir haben das Selbst bisher „Identität" genannt: A = A. Etwas ist mit sich selbst gleich. Etwas steht mit sich *nicht* im Widerspruch. Etwas ist *durch* sich *selbst*. Etwas ist durch *nichts anderes*. Nichts anderes ist notwendig, um *Es* (das Selbst) zu *bestimmen*. Es ist bestimmungslos und unbestimmt. Es ist das „unbestimmte Bestimmte". Das ist natürlich ein semantischer Widerspruch, wie ein „viereckiger Kreis" oder ein „schwarzer Schimmel". Aber weil das Selbst durch sich selbst ist, kann es selbst nicht widersprüchlich sein. Weil aber unsere Sprache nur auf Widersprüchlichem aufbaut (Subjekt-Objekt), muß Sprechen über das ureigentlich Widerspruchsfreie immer widersprüchlich sein!

Der österreichische Philosoph Ludwig *Wittgenstein* (1889—1951) hat die gleiche Erkenntnis gewonnen: *„Die Grenzen meiner Sprache bedeuten die Grenzen meiner Welt."* Und er sagt: *„Alle Philosophie ist Sprachkritik."* Berühmt ist sein mystisch interpretierbarer Ausspruch geworden: *„Wovon man nicht sprechen kann, darüber muß man schweigen."*

Wittgenstein war Positivist. Darunter versteht man einen antimetaphysischen Standpunkt, dem zufolge nur das Positive, das Gegebene, das, was ohne unser Zutun Erkenntnisgegenstand werden kann, erkennbar ist. Die Welterkenntnis ist nach *Wittgenstein* nur symbolhaftes Abbild voneinander unabhängiger Tatsachen. Sie stellt also die diametrale Position des östlichen Denkens etwa eines *Lao-tse* dar! Der logische Positivismus *Wittgensteins* gründet darin, daß für ihn die Philosophie *„keine Lehre, sondern eine Tätigkeit"* ist. Ihr Resultat *„sind nicht philosophische Sätze, sondern das Klarwerden von Sätzen"*. *Wittgenstein* war der Vater der „Analytischen Philosophie": Wirklich ist nur das, was mir auch erkennbar, und somit rational und logisch faßbar, ist. Vor allem der „Wiener Kreis" unter Moritz *Schlick* (1882—1936) verdankt *Wittgenstein* wertvolle Anregungen. *Wittgensteins* Philosophie war die auf die Spitze getriebene Wahrsetzung der einen Seite des Widersprüchlichen (der rationalen Erkenntnis nämlich) gegenüber der anderen (der mystischen Erfahrung der Welt).

Das Selbst kann also nicht „Gegenstand" der Vernunft sein! Es muß laut *Wittgenstein* aus dem Argumentieren ausgegliedert werden!

Nach *Lao-tse* und *Buddha* muß es erstes Anliegen jedes Menschen sein, der zum Selbst „vorstoßen" möchte, seine Bindung an die Welt abzubauen, da er in ihr nur mit Widersprüchen konfrontiert ist. Er muß trachten, seine Vernunft auszuschalten, da sie ihn hemmt, das Selbst zu erfahren. Wie dies vor sich zu gehen hat, ist nicht beschreibbar: Weil zum

Beschreiben Sprache nötig ist. Die einzige Möglichkeit, das Selbst zu erfahren, ist Sprachlosigkeit. Die Ausschaltung des — sprachlichen — Denkens ist Meditation.

*M*editation ist unsprachlich

Meditation ist nicht mitteilbar. Sie ist erleb- und lernbar, nicht aber lehrbar. Sie ist nur erfahrbar: an, durch und für sich selbst. Meditation kann nur *umschrieben*, nicht aber *be*schrieben werden. Meditation ist ein Zustand. Bestenfalls können Verhaltensanweisungen und stimulierende Methoden angegeben werden, die zu seiner Erlangung führen. Erst auf dem Weg über diese Meditation kann ein ichloser Zustand erreicht und zum Selbst vorgedrungen werden. Man nennt diesen Endzustand im Zen *Satori* und im indischen Buddhismus *Nirwana.*

Westliche Philosophen konnten gewaltige Systeme entwickeln und diese der Nachwelt geschrieben hinterlassen. Östliche Philosophen durften ihre Erfahrungen aber weder niederschreiben noch bewahren. Eine „Aussage" wäre stets die Stellungnahme eines Subjektes *zu* etwas: und sei es zu sich selbst. Es ist Ziel und Zweck jeder Meditation, den Widerspruch Subjekt-Objekt zu überwinden. Daher ist eine „Aussage" (weil diese ja immer subjektiv ist!) über den „Inhalt" einer Meditation nicht möglich. Mehr noch: Eine Meditation hat gar keinen „Inhalt". Denn „Inhalt" bedeutet ja nur Trennung in ein Inneres und Äußeres. Was aber wäre „wo" oder „worin" in der Meditation?

Warum hat *Lao-tse* (in anderer Transkription auch: *Laudse*) den größten Teil seines Lebens hindurch nichts niedergeschrieben? Warum konnte ihn angeblich erst im hohen Alter ein chinesischer Zöllner veranlassen, seine Lehre zu Papier zu bringen? Was hat der Weise in seinem Hauptwerk „Tao-te-king" (auch: Daudedsching) hinterlassen? Nichts Konkretes!

Geht ein im westlichen Denken Geschulter dieses „Tao-te-king" sorgfältig durch, wird er nichts Vernünftiges entdecken. Als Beispiel diene der 7. Vers aus dem „Tao-te-king" (Übersetzung von Richard Wilhelm, Jena 1921; es gibt viele Übersetzungen und eine ist schlechter als die andere: die vorgestellte scheint die relativ geeignetste zu sein):

> *ewig sind himmel und erde*
> *und sie sind ewig*
> *weil sie nicht wirken ihrer selbst wegen*
> *daher ihre ewigkeit*
> *so stellt der weise sein selbst zurück*
> *und ist den anderen voraus*
> *wahrt nicht sein selbst*
> *und es bleibt im bewahrt*
> *denn ohne eigensucht*
> *vollendet er das eigene*

Im Gegensatz dazu ein Absatz aus *Hegels* „Phänomenologie des Geistes":

„In allen Sphären des absoluten Geistes enthebt der Geist sich den beengenden Schranken seines Daseins, indem er sich aus den zufälligen Verhältnissen seiner Weltlichkeit und dem endlichen Gehalte seiner Zwecke und Interessen zu der Betrachtung und dem Vollbringen seines Anundfürsichseins erschließt."

Eine solche Sequenz läßt jeden Zen-Priester verständnislos den Kopf schütteln. Im östlichen Denken ist auch die Philosophie *Fichtes* nicht nachvollziehbar. Was soll ein Denker des Monismus mit einer Theorie der Verabsolutierung? Egal, ob jetzt „Gott" absolut gesetzt wird, wie im Christentum, die Vernunft, wie bei *Hegel*, oder das Ich, wie bei *Fichte*? Was aber soll ein Denker des Dualismus mit einer Theorie vom Selbst? Es ist ihm in gleichem Maße schwierig, wie religiöser Glaube und rationales Denken nicht zusammenkommen können.

Lao-Tse schreibt sein Werk „Tao-te-king", um dem Leser bewußt zu machen, daß er mit seiner Vernunft nichts verstehen wird. *Lao-tse* drückt seine Weisheit in Gleichnissen aus, die über alle Zeiten und Kulturen hinweg Gültigkeit behalten.

> **Das Ich ist die Angel, in der sich westliche und östliche Philosophie drehen. Dem Westen ist das Ich das Zentrum des Philosophierens; es wird durch Empirie und Ratio bestimmt. Im Osten gilt es das Ich zu überwinden, zum Selbst vorzudringen und „Satori" oder „Nirwana" zu erlangen.**

„Ismen" als ideologische
Widersprüche

Die Individualität wird im Westen als Befreiung von der Gesellschaft angesehen. Individualität ist „gewünscht", Kapitalismus in der Form der „sozialen Marktwirtschaft" ist den echten Demokratien „gut" und „wahr". Liberalismus gilt als Befreiung vom Staatseinfluß. Als Widerspruch dazu entsteht der Kommunismus: höchste Organisationsform gesellschaftlichen Lebens, einheitliches gesellschaftliches Eigentum an allen Produktionsmitteln (Lenin), die Solidarität aller Werktätigen gegenüber der Bourgeoisie. Fernziel ist die klassenlose Gesellschaft.

Im verfilmten Roman von Ray *Bradbury*, „Fahrenheit 451", redet der Fernsehsprecher über den TV-Apparat Linda persönlich an. Diese springt erregt auf und sagt zu ihrem Mann: „Er hat *mich* gemeint! Er hat *meinen* Namen genannt!" Ihr Mann jedoch enttäuscht die Enthusiasmierte: „Es gibt Tausende im Land, die Linda heißen."

Das Ich ist im Westen einerseits aufgewertet worden, gleichzeitig ist eine beispiellose Abwertung des Begriffs des Subjektiven erfolgt. Einerseits bemüht sich die Konsumgesellschaft um die Weckung der Individualität, andererseits wird diese nivelliert: Jeder wird als ein Individuum angesehen, aber ohne Unterschiede zum anderen. Individualität wird mit Individuum verwechselt. Die Unersetzlichkeit des Individuellen bleibt unberücksichtigt.

Die Entfremdung

Die Einbindung des Individuums in die Hierarchie des Staates, wie es im traditionellen Osten üblich war, gab dem einzelnen dort die Sicherheit seines Platzes in der Gesellschaft. Als Teil des Ganzen erfüllt er seine Pflicht. Im Westen fühlt sich der einzelne nicht mehr primär als Teil seines Volkes, sondern als Individualität. Er kann seine Einmaligkeit als diese Individualität aber in einem System, das nur mit Individuen umzugehen gelernt hat, nicht ausleben und fühlt sich *entfremdet*.

Der Begriff der „Entfremdung" leitet sich von *Hegel* her und wird von *Marx* als *Resultat der kapitalistischen Lohnarbeit* gesehen. *Marx* argumentiert, daß der Eigner der Produktionsmittel den Arbeiter von den Produkten seiner Arbeit *entfremdet*. Weiters *entfremdet* den Arbeiter die Arbeit von sich selbst. Arbeit für Fremde wird als Zwangsarbeit empfunden. *Marx* formuliert das Problem des Arbeiters: *„Zu Hause ist er, wenn er nicht arbeitet, und wenn er arbeitet, ist er nicht zu Hause."*

Auch die *Entfremdung* vom „Gattungsleben" geißelt *Marx*: Wird dem Menschen der Gegenstand seiner Produktion entrissen, entreißt man ihm auch sein Gattungsleben. Gemeint ist damit das eigentlich sinnvolle Tun des einzelnen. Und schließlich *entfremdet* laut *Marx* die Arbeit im kapitalistischen

System die Menschen auch voneinander: Einer mißt den anderen nur mehr an seiner Arbeit. Der Mensch, der sich mit seinem Da-Sein nicht mehr identifizieren kann, fühlt sich haltlos, ersetzbar und austauschbar. Den Schritt vom *heteronomen* (fremdbestimmten) Menschen zum *autonomen* (eigenverantwortlichen) schaffen die meisten nicht.

Ideologie und „Ismen"

1600 Jahre geistige Herrschaft der katholischen Kirche hatten in Europa und seinen Kolonien ein Klima der Unfreiheit und einen Geist der Stagnation entstehen lassen. Erst in der Aufklärung hat sich der in religiös-mystischer Fremdbestimmung gebundene Geist befreien können und neue Ideologien geschaffen.

Der Begriff „Ideologie" ist mehrdeutig. Kritisch wird darunter eine *verzerrte, einseitige Deutung der Wirklichkeit* verstanden. Diese ist *interessensbedingt* und steht unter *Systemzwang*. Eine andere Begriffsbestimmung lautet: Ideen-System. Nach *Marx* ist Ideologie *durch das (gesellschaftliche) Sein bestimmtes Bewußtsein (Klassenbewußtsein)*. Laut „Lexikon der Philosophie" (Franz *Austeda*, Wien 1979) ist Ideologie eine *theoretisch unzulängliche, aber lebensdienliche Fehlbeurteilung der Wirklichkeit, die darauf beruht, daß die ideologischen Gedankensysteme Aussagen enthalten, in denen Wertungen und Normen in* der Verkleidung von Tatsachenbehauptungen auftreten — als ob sie allgemeingültige Erkenntnisse wären.

Ideologisch werden die einzelnen Ichs einer Gesellschaft nach Interessenslage der Ideologen (= der Machthaber) unterschiedlich bewertet. Üblicherweise wird ein solches System oder ein solches Interesse mit dem Suffix *„ismus"* gekennzeichnet (Liberalismus, Kommunismus, Kapitalismus etc.).

Der einzelne war im Osten eingebunden in eine monistische Welt mit durchgängiger Ordnung. Im Monismus gibt es ja *per definitionem* nur *eine* Wahrheit. Zu einer möglichen Sicht unter anderen wird der Monismus nur durch die Dichotomie (den Widerspruch) zum Dualismus — aber auch nur von diesem aus gesehen! Nur im Dualismus gibt es die vielen Wahrheiten der verschiedenen Ideologien. Diese Ordnung der östlichen Einheit und *einen* Wahrheit ist von *Kon-fu-tse* (551 bis um 479 v.Chr.) als Moral bestimmt worden. *Kon-fu-tse* war kein Philosoph, sondern ein Moralist. Ihm geht es um die Festschreibung des Verhaltens der Menschen zueinander im Staat:

„Der Meister sprach: Wer mit reiner Aufrichtigkeit das Lernen liebt und bis zum Tode auf dem Wege des Guten bleibt, wird nicht in den Dienst eines stürzenden Staates treten und wird in einem gesetzlosen Staate nicht verweilen. Wenn die Welt vom Gesetz erfüllt ist, dann tritt er hervor, wenn die Welt im argen liegt, verbirgt er sich. In guten Zeiten arm und klein zu sein, ist eine Schande, in sittenlosen Zeiten reich und groß zu sein, ist eine Schande." (VIII/13)

Der einzelne im Osten lebte — zumindest „in

guten Zeiten" — in Harmonie mit der Welt. Die im dichotomen Denken des Westens (und heute auch im Osten) aufgetretene Unfreiheit des einzelnen (Entfremdung) war ein Widerspruch. Und wer nach langem Verbleiben in der Unfreiheit (im Westen 1600 Jahre Kirchenprimat) in die Freiheit tritt, wird sie fürs erste gründlich mißverstehen. Er wird sich neue Unfreiheiten (=Ideologien) schaffen und sich ihnen unterordnen. Das in der Aufklärung aufgetretene Freiheitsbewußtsein *mußte* daher zur Französischen Revolution führen. Freiheit, Gleichheit und Brüderlichkeit lauteten zwar die Parolen des 18. Jahrhunderts — aber sie brachten nur neue Unfreiheit, neue Ungleichheit und neue Entfremdung: Die Aufklärung *erstarrte in Furcht vor der Wahrheit.*

Im Liberalismus ist dem Subjekt alles erlaubt. Als gut gilt, was ihm nützt (Utilitarismus). Wer geschickt seine Talente nützt, wird vermögend und angesehen sein, Reichtum erwerben können und über das Kapital mächtig werden. „Gut" und „wahr" ist der Kapitalismus als Ideologie somit nur für den, der Kapital vermehren kann.

Der Kommunismus

Der Widerspruch mußte sich regen: Und er regte sich im Schüler *Hegels*, in Karl *Marx*. Als kritischer Geist lehnte er sich gegen seinen Lehrer auf: „*Für*

Hegel ist der Denkprozeß, den er sogar unter dem Namen Idee in ein selbständiges Subjekt verwandelt, der Demiurg (Schöpfer) des Wirklichen, das nur seine äußere Erscheinung bildet. Bei mir ist umgekehrt das Ideelle nichts anderes als das im Menschenkopf umgesetzte und übersetzte Materielle", behauptet *Marx* und betont den *Primat der Praxis* vor allem Theoretisieren: *„Alle Mysterien, welche die Theorie zum Mystizismus veranlassen, finden ihre rationale Lösung in der menschlichen Praxis."*

Marx räumt mit der Freiheit des Individuums, dem Ideal des Deutschen Idealismus, radikal auf und will auch von Gott nichts wissen. Er doziert: *„Die Religion ist das Opium des Volkes."* Und der deutsche Philosoph Ludwig *Feuerbach* (1804—1872) deklariert später: *„Der Mensch ist, was er ißt."*

Durch *Marx* und Friedrich *Engels* (1820—1895), später auch durch Wladimir Iljitsch *Uljanow*, genannt *Lenin* (1870—1924), wird das Ich wieder eingebunden in eine neue Ordnung: in den *dialektischen Materialismus (Diamat)*, der auf dem *historischen Materialismus (Histomat)* basiert. Gemeint sind mit letzterem vor allem die ausbeuterischen Verhältnisse im Kapitalismus, die in der *„Kritik der politischen Ökonomie"* analysiert werden. Darin fordert *Marx* die *Aufhebung des Privateigentums an den Produktionsmitteln*. Diese könne nur durch die *Revolution des Proletariats* erfolgen. Der bevorstehende *Umsturz der bestehenden Verhältnisse* werde den Menschen endgültig befreien und in ein *menschenwürdiges Dasein zurückführen*. Dieses Umschlagen der herrschenden Verhältnisse *muß* erfolgen — aus Gründen der Dialektik.

*D*ie Dialektik

Die Dialektik ist ein vielschichtiger Begriff: Für *Hegel* (und in der Folge für *Marx*) ist Dialektik ein das gesamte Weltgeschehen beherrschendes Entwicklungsgesetz und zugleich die Denkmethode, mit deren Hilfe die Weltentwicklung verstanden werden kann. Man könnte „Dialektik" in dieser Bedeutung auch als „Gegensatzentwicklung" oder „Bewegung zum Auflösen der Widersprüche" verstehen. „Umschlagen" bedeutet dabei das Wahr- oder Wirklichwerden des Gegensatzes einer Tatsache (Thesis — Antithesis).

Der von *Marx* erwartete Kommunismus wäre demnach ein Naturalismus — weil die Dialektik ein Naturprinzip ist. Als solcher wäre Kommunismus aber auch ein Humanismus: Durch die Vergesellschaftung der Produktionsmittel hätte die Entfremdung des Menschen ein Ende, der Mensch müßte wieder ein *menschlicher Mensch* werden. Der Widerspruch (bei *Marx:* „Widerstreit") zwischen Mensch und Natur sowie Mensch und Mensch wäre dadurch wieder aufgelöst. Im Menschen, der sich selbst nun nicht mehr *entfremdet* ist, fielen *Existenz* und *Wesen* wieder zusammen, ebenso *Freiheit* und *Notwendigkeit, Individuum* und *Gattung*.

Marx entwirft ebenfalls eine Ideologie. Sie ist genauso spekulativ wie die *Hegels*. Auch er kleidet den „neuen Menschen" in eine Form, wie schon *Hegel* sie konstruiert hatte: Die Freiheit des Individuums wird bei *Hegel* durch die *List der Vernunft* relativiert! Schließlich weiß nach *Hegel* der Weltgeist, was er will, und diesem Wollen muß der Mensch entsprechen! Die Freiheit ist laut *Hegel* nur eine scheinbare: Die Vernunft täuscht dem Menschen seine Willensfreiheit nur vor.

Für *Marx* ist der Mensch ebenfalls hilflos einem übermächtigen Prinzip ausgeliefert: der Dialektik der Gegensätze. Nach ihrem ewigen Gesetz schreitet die Welt fort, bis in der klassenlosen Gesellschaft alle Widersprüche aufgehoben sein werden.

Solange diese Befreiung des Menschen nicht stattgefunden hat, gibt es den realen Kommunismus nicht. Im revolutionären Staat herrscht „nur" Sozialismus. Dessen — dialektische! — Aufgabe ist es, den — noch — existierenden Kapitalismus zu bekämpfen. Daher gibt es wohl kommunistische Parteien als „Hüter der marxistischen Ideologie", aber nur sozialistische Staaten. Der Widerspruch ist eben *noch nicht* dialektisch aufgelöst.

Die Rolle der Kirche

Die Grundsätze von *Marx* und *Engels* stehen im totalen Widerspruch zu den Lehren der katholischen Kirche. Diese ist in Europa die einzige Verwalterin des Widerspruchs zwischen Welt und Gott gewesen. Und hat die Autorität auf diesem Gebiet dargestellt. Die Philosophen in der Folge der Aufklärung sind auch äußerst vorsichtig mit dem Hinterfragen dieses Alleinvertretungsanspruchs umgegangen. *Hegel* lebte noch in einer Zeit des staatlichen Totalitarismus. Und die damaligen Diktaturen übten strenge Zensur. Wer gegen die tradierte Ordnung auftrat, war dem weltlichen Machthaber suspekt. Bei Aussagen über Gott und das Christentum hat in dieser Zeit daher eine Art kluge und vorausschauende Selbstzensur mitgespielt: Nur so konnte man ungestört publizieren!

Überhaupt hat *Hegel* sein System entworfen, ohne den Boden der christlichen Lehre ernsthaft zu verlassen:

• der Geist (Gott) ist ihm primär und aktiv

• die Natur (Satan) ist ihm Widerspruch

• die Geschichte (Kirche) ist ihm fortschreitende Aufhebung dieser Widersprüche bis hin zum Absoluten („Jüngster Tag" in der Mystik der Kirche).

Der wesentliche Unterschied zum christlichen Weltbild liegt bei *Hegel* in seiner Gleichsetzung von Gott (Weltgeist) und Vernunft. In der christlichen Tradition wird die Vernunft stets mit Satan gleichgesetzt.

Marx mußte schließlich aus politischen Gründen emigrieren — er hatte die Ideologie der christlichen Gesellschaft offen angegriffen und sie für die Ausbeutung der „Proletarier" durch den Kapitalismus verantwortlich erklärt. Prompt bezeichnete Rom

Marx als den in der Apokalypse prophezeiten „*Antichristen*".

> *Die Widersprüche zwischen Welt und Gott werden nach katholischer Lehre durch den „Heiligen Geist", der sich im Papst und im Kardinalskollegium unfehlbar äußert und in der Kirche als permanente Offenbarung wirkt, überwinden geholfen. Bei Hegel treibt ein „Weltgeist" dialektisch ein an sich logisches Spiel mit der Welt. Marx verhöhnt Hegel und seine Epigonen für diese Spekulation und erlöst den Menschen, indem er ihn aus der „ökonomischen Entfremdung" befreit — mit Zwang übrigens, denn das „Gesetz der Dialektik" (Diamat) fordert es. Aus der Jenseitsideologie des Katholizismus ist über eine Spekulation der Vernunft bei Hegel die Diesseitsideologie des Marxismus geworden.*

Wissenschaften der Widersprüche

Wissenschaft und Technik haben von der Einheit der Welt Abstand genommen. Für sie gibt es nur vieles, das als Verschiedenes und kausal Verbundenes betrachtet wird. Nach Entwürfen der Vernunft werden Gesetzmäßigkeiten aufgestellt und mit ihnen die Natur erklärt. Das Ergebnis ist das allmähliche Vernichten der Natur durch die Vielzahl der Techniken. Diese formen die Welt nach der Vernunft. Die Welt ist Chaos.

Unter „Kopernikanischer Wende" in der Philosophie versteht man die Umkehrung im Denken durch Immanuel *Kant* (1724—1804): Unsere Erkenntnis richtet sich nicht nach den Gegenständen, sondern die Gegenstände richten sich nach unserer Erkenntnis. Wir haben nicht Erkenntnis von der Welt, weil diese unserem Erkennen Gegenstände anbietet, sondern diese Gegenstände, *wie wir sie erkennen, werden* erst durch unser Bewußtsein *geschaffen.*

„Bisher nahm man an, all unsere Erkenntnis müsse sich nach den Gegenständen richten; aber alle Versuche, über sie a priori etwas durch Begriffe auszumachen, wodurch unsere Erkenntnis erweitert würde, gingen unter dieser Voraussetzung zunichte. Man versuche es daher einmal, ob wir nicht in den Aufgaben der Metaphysik damit besser fortkommen, daß wir annehmen, die Gegenstände müssen sich nach unserer Erkenntnis richten ... Es ist hiemit eben so, als mit den ersten Gedanken des Kopernikus bewandt, der,

nachdem es mit der Erklärung der Himmelsbewegungen nicht gut fort wollte, wenn er annahm, das ganze Sternheer drehe sich um den Zuschauer, versuchte, ob es nicht besser gelingen möchte, wenn er den Zuschauer sich drehen, und dagegen die Sterne in Ruhe ließe."

Mit diesen Formulierungen postulierte *Kant* die *Erklärbarkeit der Natur*, gab aber auch die *Grenzen der Vernunft* an. Nach *Kants* erkenntnistheoretischem Standpunkt gibt es unabhängig von der Erfahrung (=Empirie) gültige Erkenntnisse: diese nennt Kant *a priori*. Aber *Kant* sagt auch im Gegensatz zum reinen Rationalisten, wie René *Descartes*, Baruch *Spinoza* (1632—1677) oder *Leibniz* etwa, daß ohne empirische Daten, also ohne Sinneserfahrung, keine Erkenntnis von der Wirklichkeit möglich sei.

Aber auch aus der Erfahrung allein, wie die Empiristen John *Locke* (1632—1704) und David *Hume* es behauptet haben, läßt sich nach *Kant* keine Erkenntnis gewinnen: Ohne die Vernunft mit ihren Grundelementen wie den *Begriffen* und den *Urteilen* wäre jeder Sinnesreiz „blind". *Kant* behauptet daher: *„Gedanken ohne Inhalte sind leer, Anschauungen ohne Begriffe sind blind."*

Diese Kritik *Kants* sowohl am reinen Rationalismus als auch am reinen Empirismus nennt man *Kritizismus:* denn *Kant* ist kritisch an die bisher widersprüchlichen philosophischen Denkrichtungen herangegangen. So erschließt *Kant:* „*Die Vernunft sieht auch in der Natur nur das ein, was sie selbst nach ihrem Entwurfe hervorbringt."*

*D*as Experiment

Für *Kant* war Galileo *Galilei* (1564—1642) der erste, der Fragen an die Natur gestellt und in Experimenten Antwort auf seine Fragen erhalten hatte. Beispiel dafür sind seither *Galileis* Fallversuche, die er auf dem Schiefen Turm in Pisa als erstes wissenschaftliches Experiment angestellt hatte. Auch die gedankliche Vorarbeit *Galileis* ist bis heute für den wissenschaftlichen Experimentator verbindlich:

Um gezielte Fragen stellen zu können, muß der Forscher zuerst eine Hypothese entwerfen. Diese mag er gewinnen aus *Intuition oder Kreativität*. Seine Hypothese muß sich im Rahmen der Vernunft bewegen, also logisch und kausal überprüfbar sein. Ist die Hypothese durch den Einfall gewonnen, muß sie zur Theorie ausgeweitet werden. Als solche wird sie in das bestehende Wissensgebäude eingebaut — oder sie widerlegt die herrschende Lehrmeinung. Ob nun eine Theorie sinnvoll ist oder nicht — im Sinne der zweiwertigen Logik also *wahr* oder *falsch* ist —, überprüft der Forscher im Experiment. Gelingt der Versuch, ist die Theorie *brauchbar*, mißlingt das Experiment, was dann?

An dem durch das mißlungene Experiment aufgetretenen Widerspruch scheidet sich die weitere Vorgangsweise: Entweder war die Theorie „falsch" (besser: unbrauchbar), oder das Experiment war „nur" unzureichend („falsch") angelegt. Gerade diese Schere der zwei Möglichkeiten ist es, die die Antworten der Naturwissenschaft(en) angreifbar machen und relativ erscheinen lassen. Ein Experiment ist stets nur so gut wie der Experimentator!

Dem entspricht auch *Kants* Vorstellung vom Ich, dem allein die Formen des Denkens und jene der Erscheinungen zugrunde liegen: *Ich* denke und *ich* erfahre — und zwar als dieses eine, unverwechselbare Subjekt, das ich bin. Dem Königsberger Philosophen ist also das Ich *Erkenntnisgrundlage*. Damit wird aber auch die Natur zu einer bloßen Konstruktion des Ichs. Der Mensch erkennt nicht die Natur, wie sie ist, sondern so, wie er sie ansieht.

Nur im Experiment kann der konstruktive Entwurf einer Theorie bestätigt oder verworfen werden: Nachdem die Vernunft die Natur veranlaßt (Kant spricht von „genötigt") hat, auf ihre Fragen zu antworten. Diese Antworten können aber immer nur entscheiden, ob sich der jeweilige Vernunftentwurf (dieses eine *Modell* nämlich) in der Natur bewährt, aber niemals etwas über die wahre Beschaffenheit der Natur aussagen! Daher gilt auch: Mit Experimenten kann alles „bewiesen" werden.

*M*essen beeinflußt das Gemessene

Es kommt nur darauf an, wie das Experiment angelegt worden ist. Und ob meine Messungen der Ergebnisse genau und überprüfbar sind! Dabei kommt dem Messen ureigentliche Bedeutung zu. Kein wissenschaftlich anerkanntes Experiment ohne nachvollziehbare Messung! Die Maxime lautet: Alles zu messen, was gemessen werden kann, und alles meßbar zu machen, was nicht gemessen werden kann! (frei zitiert nach dem Physiker Herbert *Pietschmann*). Dieser „eherne" Grundsatz moderner Naturwissenschaft und Welterklärung treibt freilich Blüten und scheint sich in der heutigen „verwissenschaftlichten" Zeit verselbständigt zu haben. (Wer viel mißt, mißt Mist!) Denn „messen" kann ja nur bedeuten, eine Veränderung in der Zeit festzustellen. Das Meßergebnis (die Dauer einer solchen Veränderung) wird dann auf seine Periodizität, Wiederhol- und Voraussagbarkeit hin überprüft. Dies wieder setzt die Annahme voraus, daß die Kausalität, also die strikte Abfolge von Ursache und Wirkung, ein tatsächlich in der Natur wirkendes Prinzip sei. Dieses Prinzip müßte aber — unter den gleichen Bedingungen — immer gelten, also gesetzmäßig sein. Für die Gültigkeit eines Experimentes ist erforderlich, daß es an jedem Ort der Erdoberfläche zu jeder Zeit unter den gleichen Bedingungen die gleichen Ergebnisse erbringen muß.

Der deutsche Physiker Gustav Robert *Kirchhoff* (1824—1887) war dagegen der Meinung, daß die Naturwissenschaft die Naturerscheinungen nicht zu „erklären" (also nach ihren „Ursachen" zu suchen), sondern nur möglichst einfach und übersichtlich zu beschreiben habe.

Außerdem beeinflußt der Experimentator die

Ergebnisse seines Experimentes immer mit: sei es mit der Interpretation, sei es direkt, über das zu überprüfende Objekt selbst. Denn jeder Versuch verändert durch die Experimentieranordnung das zu überprüfende Objekt. Dieses wird ja im Experiment nie so angetroffen wie in der Natur.

Wissenschaft als Religionsersatz

Kant hat diesen Widerspruch schon in seinen theoretischen Ausführungen erkannt und darauf hingewiesen: *„In den Naturwissenschaften kann es nur hypothetische, aber keine apodiktischen* (unumstößliche) *Sätze geben."*

Die Naturwissenschaft neigt heute dazu, Apodiktisches zu verkünden: So ist es! Damit ist die Naturwissenschaft in den letzten Jahrzehnten sogar zu einer Art Religionsersatz mit Absolutheitsanspruch geworden. Ein solcher Absolutheitsanspruch mündet in der Politik in Ideologien und in der Wissenschaft in Dogmatik. „Dogmatisch" heißt: es wird ein unbegrenztes Vertrauen in die Erkenntniskraft des Menschen gesetzt; weder der Geltungsgrund noch das Geltungsausmaß menschlicher Erkenntnis wird für problematisch gehalten (nach *Austeda:* Lexikon der Philosophie). Ob sich Ideologien auf Gott berufen oder auf „diesseitige" Gesetzmäßigkeiten (*Marxsche* Dialektik etwa), macht keinen Unterschied. Gefährlich können beide werden: in der Religion als *Fundamentalismus* (islamisch Khomeini; im Christentum durch die Rückkehr vor das 2. Vatikanische Konzil) und in der Wissenschaft als *Machbarkeit der Welt*. Darunter wird verstanden, daß der Mensch als Letztverantwortlicher mit „seiner" Welt tun und lassen kann, was er will — solange er dazu technisch in der Lage ist. Denn alle Technologien sind in die Praxis umgesetzte verwirklichte Vernunftsentwürfe.

Die Problematik dieser Entwürfe liegt darin, daß der Erfinder und Konstrukteur technischer Apparate nur einen bestimmten Aspekt der Weltveränderung im Auge hat — und den hat ihm seine Vernunft vorgegeben. Weil die Welt (die Natur) von ihm nur unter diesem Aspekt gesehen wird, werden andere Aspekte nicht oder nur am Rande berücksichtigt. Die möglichen Auswirkungen über das Beabsichtigte hinaus werden dabei vernachlässigt (Luftverschmutzung, Waldsterben, Ozonloch). Als Folge entsteht allmählich eine Umwelt, die nicht mehr Natur ist oder mit ihr in Einklang steht, sondern Produkt menschlicher Entwürfe darstellt, deren Auswirkungen nicht bedacht worden sind.

*D*ie Natur folgt nicht Naturgesetzen!

Mit solchem Vorgehen wird die Natur und ihre Selbstregenerationsmöglichkeit zerstört. Bestimmte Richtungen der Entwicklung (der Evolution) werden durch den Eingriff des Menschen begünstigt, andere benachteiligt oder gehemmt. Unsere experimentellen Eingriffe in die Natur verändern diese so sehr, daß sich der Forscher gar kein richtiges Bild vom wahren Funktionieren der Natur machen kann.

Heute ist für den westlich denkenden Technokraten die ganze Welt zum Experimentierfeld geworden, das Schlagwort von der *Globalstrategie* hat apokalyptische Bedeutung erreicht. Je weiter wir aber forschen (=experimentieren), desto mehr analysiert (=zerteilt, zergliedert) der westlich Denkende die Welt, in der er lebt. Immer mehr verliert der westlich Denkende das Ganze aus den Augen, immer weniger wird ihm die Welt als Einheit bewußt. Dafür konstruiert er sich das Bild einer Vielfalt von ineinander wirkenden Regelkreisen, deren Zusammenwirken er zu entschleiern trachtet. Aber nur wenige fragen ernsthaft, ob die Welt tatsächlich von Regelkreisen am Laufen gehalten wird. Sind diese Regelkreise nicht vielmehr nur bloße Entwürfe unserer Vernunft, mit denen wir die Natur *unserem Verstande gemäß* erklären wollen?

Mit diesen Entwürfen erklärt der Naturwissenschaftler, der Vernunft gemäß, die Welt! Naturgesetze sind — wie jeder ernstzunehmende Physiker weiß — nur idealisierte Annäherungen (Modelle) an Vorgänge in der Natur! Diese Vorgänge kommen *so, wie sie in der Theorie beschrieben und abgeleitet werden, in natura nie vor!* Es ist also eine bloße Frage der Meßgenauigkeit und der Einschränkung des Gültigkeitsbereiches eines Gesetzes, ob es — noch — Gültigkeit hat. (Mehr in Stephen W. *Hawkings* Buch: „Eine kurze Geschichte der Zeit", 1988.)

Manche Naturwissenschaftler sprechen heute daher schon von der Relativität der Ordnung. Immerhin gilt seit den alten Griechen, also seit der Einführung des Primats der Vernunft im Abendland, die Welt als geordnet: Es ist nicht Chaos, also Ungeordnetes, sondern Kosmos, Geordnetes. Ordnung ist im Sprachgebrauch des Westens aber nur die Art und Weise, wie die Vernunft die Welt sieht! Wenn also Ordnung nur durch vernünftiges Betrachten auf die Welt projiziert wird, kann nicht mehr aufrechterhalten werden, daß die Welt an sich geordnet ist. Es herrscht nach dieser Sicht sehr wohl Chaos und nicht Kosmos!

> *Mit Kants „Kopernikanischer Wende" hat sich das Bild des westlich Denkenden von der Welt geändert. Von der Einsicht, die Welt sei gar nicht so, wie sie uns erscheint, sondern unsere Vernunft mache sich „nur" ein Bild von ihr, bis zu dem Entwurf, die Welt sei gar nicht im Sinne der Vernunft geordnet, vergingen rund 200 Jahre.*

Mystizismus im Westen: Die Liebe

Nach rund dreitausend Jahren entwickelten sich aus der Religion des Judentums die Lehren Jesu. Christus sollte es vorbehalten bleiben, den Absolutheitsanspruch des jüdischen Gesetzes aufzuheben und die Gebote zu relativieren: Nicht der Mensch ist für den Sabbat geschaffen, sondern der Sabbat für den Menschen. Nicht der Mensch hat den Gesetzen zu dienen, sondern die Gesetze sollen das Leben der Menschen erleichtern.

Der Mensch soll nicht bloßes Objekt bleiben. Er soll sich aus Überzeugung und Bekenntnis als Subjekt bewähren. Nicht — fremde — Gesetze sollen ihn bestimmen, sondern die eigene Gesinnung soll ihn leiten. Der andere soll ihm nicht Mittel und Zweck sein, sondern „Bruder". Der Nächste soll ihm nicht äußerlich bleiben, sondern jeder einzelne sollte sich zum „Innen" des anderen vormühen. Vor allem aber sollte der Mensch zuerst sich erkennen und dann erst den „Bruder" im anderen suchen.

Wenn der Mensch sich selbst achtet und liebt, wird er auch den anderen achten (und lieben) können. Wer sich liebt, liebt auch den Nächsten — aber erst wer den Nächsten liebt, hat sich selbst überwunden. Auch *Christus* übernimmt das alttestamentarische Gebot: *„Liebe Deinen Nächsten wie Dich selbst!"*

Der deutsch-amerikanische Sozialpsychologe Erich *Fromm* (1900—1980) hat in seinem Buch

„Die Kunst des Liebens" den Heiland in moderne Sprache synchronisiert. Was vor 2.000 Jahren in der Bergpredigt am See Genezareth gesagt worden ist, hat bis heute Gültigkeit: doch so deutlich wie *Fromm* hat es nicht einmal *Jesus* von Nazareth (4 v. Ch.—30) ausgedrückt. Er ist darum auch mißverstanden worden, und die Schismen innerhalb des Christentums beweisen die heillosen Hörfehler seiner Anhänger.

Nur wer bereit ist, zu den eigenen Entscheidungen zu stehen, meint *Fromm*, kann auch die Wünsche des anderen akzeptieren. Nur wer sich selbst als selbstverantwortlicher Mensch empfindet, kann die Freiheit des Nächsten akzeptieren. Nur wer die Freiheit des anderen respektiert, weiß die eigene Freiheit verwirklicht: denn nicht freisein *von* einer Bürde ist mit „frei-sein" gemeint, sondern sich aus Freiheit zu bekennen: *zu* einer Aufgabe!

Wird das Ich im Egoismus und in der Egozentrik verabsolutiert, wird es zum willkürlichen Diktator, zum Despoten, dem es nur um die Stärke geht, sich gegen die anderen zu behaupten. Der deutsche Philosoph Friedrich *Nietzsche* (1844—1900) mit seinem *Willen zur Macht* ist hier anzusiedeln, auch seine *Umwertung der Werte*. Die Seele ist nur ein Wort für ein Etwas am Leibe ... Viele seiner Sätze sind allgemein bekannt und oft zitiert worden: *„Alle treibende Kraft ist der Wille zur Macht!"* Und: *„Was du nicht ertragen kannst, zerbrich es, bevor es dich zerbricht!"*

*H*ierarchien entindividualisieren

Jede Hierarchie leugnet die Individualität ihrer Glieder. Jeder ist austauschbar. Was gilt, ist das Ganze. *„Ohne Partei ist der einzelne nichts!"* (frei nach dem ehemaligen österreichischen Bundeskanzler Fred *Sinowatz*). Faschistische Ideologie formuliert noch krasser: Nur wer zu uns gehört, ist gut, alle anderen sind Feinde. Von den *„barbari"* der Römer zu den „Untermenschen" Hitlers war es nur ein Schritt.

Mit Hilfe von Hierarchien ist seit jeher die Welt beherrscht worden, sie kontrollieren sie auch heute und perfekter denn je. Die Mittel der Überwachung werden effizienter eingesetzt, die Wissenschaft hat über den Einsatz von Technik und psychologische Erkenntnisse dabei geholfen: der Mensch ist in einer Unzahl von Experimenten durchschaut und dadurch manipulierbar geworden. *Nietzsches Experimentalphilosophie* ist fürchterliche Wirklichkeit geworden.

*N*ächstenliebe als Befreiung

Die Nächstenliebe ist Ausdruck des Anerkenntnisses der Brüderlichkeit des Nächsten, dessen Ich sie annimmt. Der Nächste ist nicht Objekt, sondern anderes Subjekt. Mit dieser Einsicht fällt der Widerspruch zwischen Subjekt und Objekt. Aber es besteht noch Fremde zwischen den beiden (oder mehreren) Subjekten. Diese sind zwar gleiche als jeweils ein Ich, aber nicht selbe, weil unterschiedene Ichs. Gleiche, die nicht selbe sind, bleiben aber uneins, einander also entfremdet. Bloße Nächstenliebe beschränkt sich auf die jeweilige Situation. Nächstenliebe kann also nur eine Vorstufe zur Vereinigung sein — diese wird erst erreicht *unter Aufgabe des jeweiligen Ichs* durch das Aufgehen in die *Gruppe* der *Gemeinschaft der Gleichen*. Die *Gemeinschaft der Gleichen* heißt in der Mystik des Christentums „Kirche".

„*H*eiliger Geist" und Liebe

Diese Gemeinschaft der Gleichen bindet ihr *Selbst*-Verständnis und formt damit ihre *Identität*. Das *Ganze* der Gruppe bindet die Mitglieder *ein*. In der Kirche heißt dieses Ganze des wirkenden Selbst *Heiliger Geist*. Hat das Selbst als „Heiliger Geist" in der Gruppe gewirkt, dann ist es zur *Erlösung* aus der Entfremdung der Menschen *voneinander* und „*von Gott*" gekommen. „Erlöste" aber werden in der mystischen Sprache der Kirche „*Heilige*" genannt. Der Wiener Philosophieprofessor Erich *Heintel* (geb. 1912) bezeichnet solche Menschen als „autonom" und ihr Leben als „Totalexperiment".

Was als letzter *wesentlicher* Widerspruch in dieser Kirche der „*Gemeinschaft der Heiligen*" bestehenbleibt, ist die unterschiedliche Geschlechtlichkeit dieser *Heiligen*. Diese ist als körperliche Polarität, solange sie in der Entfremdung der Widersprüchlichkeit belassen wird, unaufhebbar. Seine Aufhebung erfolgt in der *erotischen* Vereinigung der zwei geschlechtlich unterschiedenen Heiligen und wird als *Liebe* zwischen Mann und Frau *wahr*. Laut „Lexikon der Philosophie" von Franz *Austeda* (1979) umfaßt dieser Eros:

1. die seelisch-geistige Liebe
2. Sexualtrieb und Kult der Leibesschönheit
3. den Wunsch nach Nachkommenschaft
4. das Bedürfnis nach ehelicher Gemeinschaft.

Bloße Sexualität ohne Liebe ist sowohl nach dieser Definition als auch in christlicher Sicht im Sinne des Eros *unwahr*. „Wahre" Liebe ist daher nur unter gleichen Nächsten (nach katholischer Diktion: „Heiligen"; nach Erich *Fromm*: „sich selbst Liebenden", das heißt: sich selbst Akzeptierenden; nach Erich *Heintel*: „Autonomen") möglich.

Tod als Leben

Durch die Entfremdung von Gott, im Mythos der Bibel als „Tod(-sünde)" ausgedrückt, ist der Mensch im „Sündenfall" aus der Einheit der Welt gefallen und sterblich geworden. Er ist aus dem Paradies vertrieben worden, *„daß er nicht ausstrecke seine Hand und breche auch von dem Baum des Lebens und esse und lebe ewiglich!"* (1. Mose 3; 22). Im Eros der Liebe ist der Mensch allerdings aus dieser Entfremdung („Endlichkeit des Ichs und somit das Wissen um den Tod des Individuellen") herausgetreten: Er ist vom Tode durch die Überwindung der Individualität und das Bekenntnis zu einem anderen „auferstanden". Mit der endgültigen Überschreitung des Ichs zum Wir, zum Partner, zur Gemeinschaft „der Heiligen" der Kirche oder im Sinne von *Marx* im Bekenntnis zu den „Proletariern aller Länder" ist der Tod des Ich überwunden.

In katholischer Sicht hat der Mensch durch die von *Christus* in die Welt gebrachte Liebe letztlich doch vom Baum des Lebens gegessen und das „ewige Leben" erreicht. Er ist aus der Entfremdung „erlöst" worden und in die Einheit des Paradieses, in den „Himmel" zurückgekehrt.

Es ist jetzt mehrfach zur Gleichsetzung von Begriffen aus dem Mystizismus des Christentums und der rationalen Philosophie gekommen. Diese entsprechen *nicht* den tradierten Bedeutungen innerhalb des Katholizismus. Diese müssen ja als dogmatische Setzungen des Katholizismus — *per definitionem* von Ideologie! — außerhalb der Ideologie unwahr sein: weil sich ihre „Wahrheit" nur auf das eigene System bezieht (systemimmanente Wahrheit).

Alle „Wahrheiten", die als solche *dekretiert* sind oder auf Gott zurückgeführt werden, weisen sich durch den Charakter ihrer Dekretierung immer als Behauptungen einer Ideologie aus: als einer, die entweder auf „diesseitige" (innerweltliche) „Wahrheiten" gründet oder auf „jenseitige" (außerweltliche) — dazu gehört auch jeder westliche Gottesbegriff!

Tod bedeutet üblicherweise Ende von Leben. Was aber ist Leben? Wenn wir darunter *selbstbewußtes Auseinandersetzen mit sich und der Umwelt* verstehen, dann ist das nur einem Subjekt möglich. Nur ein Ich reflektiert sich und seine Umgebung. Tod ist, so gesehen, das gewußte Ende des Ich. Ist nicht Ich, ist auch nicht Tod (bewußt)!

In der Negation des *Maya* — also der trügerischen Erscheinungswelt — als wahr und wesentlich („Die Welt ist Schein") ist im östlichen Denken der leibliche Tod tatsächlich „nicht" (*von Bedeutung* müßte man hinzufügen). Das leibliche Leben und Sterben des Menschen sind nur unwesentliche Attribute des Selbst und tangieren es nicht! Daher auch das Immer-wieder-geboren-Werden, bis das Selbst „endlich" zu sich selbst gekommen ist. Bis *Es* sich selbst „erkannt" hat („Erleuchtung", „*Satori*", „*Nirwana*"). Der Mensch des Ostens lebt und stirbt eben so oft, bis er *erleuchtet* ist. Dann erst ist er dem „Rad der Wiedergeburt" (*„Samsara"*) entronnen.

Auch für den Christen ist der Tod — angeblich — nicht von Bedeutung: Am „Jüngsten Tag" wird ja „auferstanden" und „endgültig" „gerichtet". Die nicht zur Wahrheit Gekommenen werden „dann" „auf ewig" „verdammt". Und nur die „Wahrhaftigen" werden „ins ewige Leben eingehen".

In beiden Kulturkreisen sind Tod und Wiedergeburt von den „Gläubigen" gründlich mißverstanden worden. Im ursprünglichen Denken eines *Lao-*

tse oder *Gautama-Buddha* wird der Mensch natürlich *nicht* „wiedergeboren" im Sinne von „wieder auf die Welt kommen". „Wieder" bedeutete ja, daß er als dieser verstorbene Mensch mit eben diesem Ich *wieder*kommen müßte!

Auch im Westen *steht* der Mensch nicht als ein Ich *auf*, wie immer wieder kolportiert wird, sondern „bestenfalls" als *Verklärter*. Dieser Begriff meint allerdings nichts anderes, als daß der Mensch nicht als jener Mensch aufersteht, der er „auf Erden" war: als dieses höchstpersönliche Ich nämlich.

> *Im Osten erfolgt die Ichüberwindung (und damit auch die Überwindung des Todes) durch Versenkung, Meditation und erhoffte Erleuchtung („Satori"): in Abwendung von der Welt. Im Westen hat Christus den Weg der Liebe aufgezeigt. Die westliche Mystik überwindet das Ich (und den Tod) durch Hinwendung zur Welt, durch Nächstenliebe und Liebe. In ihr wird das Selbst, die nicht mehr entfremdete Einheit erreicht („Erlösung", „Auferstehung").*

Auflösung

Die Erfahrung mit „Denksportaufgaben" zeigt, daß — beim Vorliegen einer Lösung — eher nachgeschaut wird, als daß allzuviel Zeit mit Nachdenken verbracht wird.

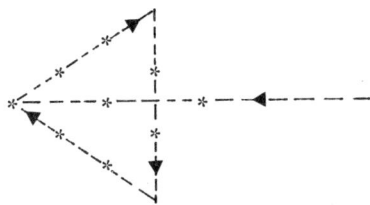

Die Lösung ist „ganz einfach" — aber im nachhinein weiß man immer alles besser. Nehmen wir dieses Beispiel aber durchaus als bildlich oder *metaphorisch*: Der Rhombus stellt den Bereich der Vernunft dar. Innerhalb seines eigentlichen Bereiches ist die gestellte Aufgabe nicht zu lösen. Um zu dem gewünschten — geforderten, erwarteten — Ergebnis zu kommen, muß der Rhombus (muß die Vernunft) kurzfristig verlassen werden, ohne ihn (sie) aus den Augen zu verlieren. Nur die Rückkehr zur Figur (zur Vernunft) garantiert das Gelingen der Aufgabe und *gibt dem Problem überhaupt erst Sinn!*

Ähnlich ist es um das westliche und östliche Denken, ist es um die menschliche Vernunft und ihre Begrenztheit bestellt. Es gibt durchaus Fragen, die *innerhalb* der Vernunft nicht gelöst werden können. *Ihre Lösung hängt aber unmittelbar mit der Vernunft zusammen, ja die Frage könnte ohne sie gar nicht gestellt werden!* Was sollte unsere Denksportaufgabe ohne den Rhombus? Welches Ergebnis würde das Verlassen der geometrischen Figur („der Vernunft") zeitigen, wenn man nicht wieder zu ihr zurückkehrte?

Erst die Einheit, die von der Figur (der Vernunft), ihrem Verlassen und der Rückkehr zu ihr durch die Linie gebildet wird, garantiert die Lösung!

Ähnlich verhält es sich auch mit den *Koans*, die bereits angesprochen wurden: Ihre Beantwortung zwingt uns aus der Vernunft heraus — würden die Grundlagen dieser Vernunft (die logischen Axiome!) aber nicht in Frage gestellt, hätten die Koans keinen Sinn. Und wie während der Lektüre dieses Buches bewußt wird: Gegensätze bilden nur innerhalb der Vernunft Widersprüche, außerhalb der Vernunft gibt es nur die Einheit der Polarität.

Dies ist auch die Hauptaussage des vorliegenden Bandes. Sogar dieser Epilog — der von Ihnen wahrscheinlich *vor* der Lektüre des eigentlichen Buches gelesen worden ist — bildet in Verbindung mit dem Haupttext ein ähnliches Paradoxon: Nur durch diese Heraushebung aus dem eigentlichen Buchtext wird dieser unter dem richtigen Aspekt gelesen werden können.

Personenregister

Aristoteles (384—322 v. Chr.): griechischer Philosoph, Schüler *Platons*, Erzieher Alexanders des Großen; sein Werk wurde Grundlage für die gesamte europäische Philosophie, Kritiker von *Platons* Ideenlehre; Werke: *Organon, Physik, Metaphysik, Poetik, Nikomachische Ethik, Politik,* etc.

Buddha-Gautama, Siddharta (560—480 v. Chr.): indischer Prinz und Wanderasket (=Gautama), 40 Jahre dauernde Lehrtätigkeit mit dem Hauptanliegen, das Leiden in der Welt zu überwinden, die illusionäre, individuelle Existenz auszulöschen und ins *Nirwana* einzugehen; wurde selbst ein Erleuchteter und wirkte als *Bodhisattva,* der freiwillig im „Rad des Lebens" blieb, um anderen zur Erleuchtung zu verhelfen.

Carnap, Rudolf (1891—1970): österr. Philosoph, Hauptrepräsentant des „Wiener Kreises" des Neopositivismus; Aufgabe der Philosophie ist die logische Analyse der Sprache, wünscht sich eine metaphysikfreie Einheitswissenschaft mit der Sprache der Physik; Hptw.: *Der logische Aufbau der Welt.*

Christus, Jesus (Joshua) Rabbi (um 4 v. Chr.—30): jüdischer Reform-Rabbiner, Sohn des Josef, nach christlichem Glauben des „Heiligen Geistes"; nach eigener Bezeichnung *Menschensohn,* im Konzil von Chalkedon (451) als *wahrer Gott und wahrer Mensch* zugleich erklärt und im 3. Konzil von Konstantinopel (680/81) in dieser Doppelnatur endgültig als Glaubenswahrheit bestätigt. Wahrscheinlich essenisch beeinflußter Denker und Eiferer gegen das jüdische Establishment der Pharisäer und die Verwässerung der jüdischen Lehre. Für die Christen *Sohn Gottes,* für die Juden seiner Zeit ein Gotteslästerer, für die heutigen Juden einer der vielen historischen Rabbiner, für die Moslems ein Prophet; als historische Figur ungesichert; christologisch Verkünder der Liebe und der Gesinnung im Gegensatz zur Gesetzeshörigkeit.

Comte, Auguste (1798—1857): französischer Positivist, legt besonderen Wert auf die Anwendbarkeit des Wissens; „Drei-Stadien-Gesetz": die geistige Entwicklung der Menschheit durchläuft ein theologisches, ein metaphysisches und ein positivistisches Stadium; fordert als Religion die Verehrung der Menschheit und ihrer Wohltäter, Prinzip dieser Menschheitsreligion ist die Liebe, Ziel ist der Fortschritt; die Unsterblichkeit beschränkt sich auf ein Fortleben in der Erinnerung der Menschheit; Hptw.: *Cours de philosophie positive,* 6 Bände.

Descartes (Cartesius) René (1596—1650): frz. Philosoph, begründet durch den Zweifel als philosophische Methode die moderne Philosophie des Rationalismus. Findet den archimedischen Punkt im *„Cogito, ergo sum"* (Ich denke, daher bin ich) als unmittelbar einleuchtende Wahrheit. Denkt sonst dualistisch und teilt die Welt in *„res cogitans"* (Geist) und *„res extensa"* (den mechanischen Gesetzen gehorchende Außenwelt); Hauptwerk: *Discours de la méthode.*

Engels, Friedrich (1820—1895): deutscher Theoretiker des Sozialismus; Hauptwerke: *Kommunistisches Manifest* (zus. mit *Marx*), *Die Entwicklung des Sozialismus von der Utopie zur Wissenschaft.*

Feuerbach, Ludwig (1804—1872): deutscher Philosoph, Materialist, Atheist, anthropozentrischer Sensualist, Positivist, Linkshegelianer, Religionskritiker; Gott und das Jenseits sind dem menschlichen Denken entsprungene Wunschvorstellungen und Phantasieprodukte; nicht Gott hat den Menschen, sondern die Menschen haben Gott geschaffen; *„Begnüge dich mit der gegebenen Welt";* verendlicht und versinnlicht die *Hegelianische* Spekulation; Werke: *Das Wesen des Christentums; Die Unsterblichkeitsfrage.*

Fichte, Johann Gottlieb (1762—1814): deutscher Idealist; setzt das Ich absolut und stellt diesem die Natur als Nicht-Ich entgegen; Hauptwerk: *Grundlage der gesamten Wissenschaftslehre.*

Freud, Sigmund (1856—1939): österr. Psychiater und Begründer der Psychoanalyse; Werke: *Das Ich und das Es, Die Zukunft einer Illusion, Das Unbehagen in der Kultur.*

Fromm, Erich (1900—1980): amerikanischer Psychoanalytiker; phil. Werke: *Haben oder Sein, Die Kunst des Liebens.*

Galilei, Galileo (1564—1642): italienischer Mathematiker, Entdecker der Fallgesetze, Begründer der modernen dynamistischen Physik; Werke: *Nuncius sidereus, Dialogo sopra i due massimi sistemi del mondo . . .*

Gorgias von Leontinoi (483— um 380 v. Chr.): griech. Skeptiker, Nihilist und Sophist. Er behauptet: *„Es ist nichts. Wenn etwas ist, dann ist es nicht erfaßbar. Wenn etwas erfaßbar ist, dann ist es nicht mitteilbar."* Hauptwerk: *Vom Nichtseienden oder von der Natur.*

Hartmann, Nicolai (1882—1950): deutscher Ontologe, untersucht die „Wesensstruktur" der „Seinsschichten"; Wertabsolutist, Indeterminist (der Wille ist frei); Hptw.: u. a. *Grundzüge einer Metaphysik der Erkenntnis, Möglichkeit und Wirklichkeit.*

Hegel, Georg Friedrich Wilhelm (1770—1831): in ihm kulminiert der Deutsche Idealismus, spekulative Philosophie des Weltgeistes und der Weltvernunft; die Wirklichkeit (und damit auch der Gang der Geschichte) ist ein dialektischer Prozeß der Selbstbewußtwerdung des absoluten Geistes; der Mensch ist Marionette des Selbstwerdungsprozesses Gottes; Werke: *Phänomenologie des Geistes, Wissenschaft der Logik, Philosophie der Geschichte.*

Heintel, Erich (geb. 1912): österr. Philosoph, kritischer Idealist, subjektivistischer Metaphysiker des unmittelbaren „Erlebens"; „zentrales Erkennen" im Gegensatz zur wissenschaftlich-peripheren Betrachtungsweise; Kritiker des objektivistischen Transzendentalismus und des positivistischen Scientismus; Hptw.: *Die beiden Labyrinthe der Philosophie.*

Heisenberg, Werner Carl (1901—1976): deutscher Physiker, Entdecker der Quantenmechanik und der Unschärferelation; philosophische Relativierung der Kausalität; Werke: *Die physikalischen Prinzipien der Quantentheorie, Wandlungen in den Grundlagen der Naturwissenschaft.*

Heraklit von Ephesos (550—480 v. Chr.): Alle Dinge sind im Wandel, bewegende Kraft ist das Weltenfeuer, „*der Kampf ist der Vater aller Dinge*"; Philosophie des Werdens; „*Alles fließt*", der Widerspruch zwischen Sein und Seiendem wird durch das Werden aufgehoben; Werke: nur Fragmente.

Hume, David (1711—1776): schottischer Philosoph der Aufklärung, Empirist; kritisiert den Kausalbegriff; Hauptwerk: *A Treatise on Human Nature.*

Husserl, Edmund (1859—1938): deutscher Erkenntnistheoretiker, geht von einer platonisch-idealistischen Metaphysik aus und hofft, ausgehend von den Erfahrungsgegebenheiten und Vorstellungen, zu „reinen Wesenswahrheiten" zu gelangen („Wesensschau"); Werke: u. a. *Ideen zu einer reinen Phänomenologie und phänomenologischen Philosophie I—III*

Kant, Immanuel (1724—1804): Begründer des Kritizismus; das Wissen selbst wird zum Gegenstand der Kritik, Erfahrung liefert den Inhalt, das Bewußtsein die Form der Erkenntnis, der Verstand schreibt der Natur die Gesetze vor: Gott, Welt und Seele sind unerkennbar und bloß regulative Ideen; Werke: *Kritik der reinen Vernunft, Kritik der praktischen Vernunft, Kritik der Urteilskraft.*

Kirchhoff, Gustav Robert (1824—1887): deutscher Physiker, metaphysikfreie Weltauffassung; Naturerscheinungen brauchen nicht „erklärt", sondern nur beschrieben zu werden, Ursachensuche ist entbehrenswert; Hptw. (phil. interessant): *Vorlesungen über mathematische Physik und Mechanik.*

Kopernikus, Nikolaus (1473—1543): deutscher Astronom, Begründer des heliozentrischen Weltbildes; Hauptwerk: *De revolutionibus orbium coelestium.*

Kuei-ku-tzu („Meister vom Teufelstal"): Deckname eines chines. Philosophen des 4. Jhs. v. Chr., der Erfolgsethik und Machtgrundsätze in der Politik vertrat.

Kung-fu-tse (Kungtse, Konfutse) (551— um 479 v. Chr.): reiner Tugendlehrer und Staatsmann; sittliche Vollkommenheit wird durch Nächstenliebe, Rechtlichkeit, Schicklichkeit, Weisheit und Treue; K. ist moralisierend, systematisierend und klassifizierend (Hierarchie: Vater-Sohn, Kaiser-Volk, Ahnenverehrung; göttliche Ordnung und Staatsordnung sind identisch); Werke: keine eigenen, nur Niederschriften seiner Schüler: *Gedanken und Gespräche des K.*

Lao-tse (6. Jh. v. Chr.?): Weiser, dessen Lehre von *Tao,* dem *All-Einen,* und *Te,* der wirkenden Kraft (kosmische Ordnung), den Taoismus prägt. Durch Nicht-Tun *(Wu-wei)* soll der Mensch dem *Tao* (auch „Weg" oder „Urgrund") näher kommen. Gewalt wird abgelehnt, Geschäftigkeit und Kulturleistungen werden auf ein rechtes Maß beschränkt, Geduld und Liebe sind „rechtes Tun". Das *Te* verwirklicht sich in der Ethik des Menschen und ergibt Harmonie. Jede Reglementierung des menschlichen Lebens wird verneint, mystische Versenkung wird gefordert als Möglichkeit, im *Tao* aufzugehen. Der Taoismus ist eine irrationale Philosophie; Werke: *Tao-te-king* (das Buch vom Weg und seiner Wirkung) wird *Lao-tse* zugeschrieben, dürfte aber späteren Ursprungs sein.

Leibniz, Gottfried Wilhelm (1664—1716): Begründer der „Monadologie": Grundbestandteil der Welt sind unendlich viele individuelle, seelenhafte Kraftatome, die Monaden, die durch „prästabilisierte Harmonie" miteinander verbunden sind. Reinste Metaphysik! Hauptwerk: *Theodizee.*

Lenin, Wladimir Iljitsch (eigentlich *Uljanow*) (1870—1924): sowjetrussischer Politiker, Führer der Bolschewiki, Vorsitzender des Rates der Volkskommissare nach dem Sieg der Oktoberrevolution in Rußland; Hauptwerke: *Was tun?, Brennende Fragen unserer Bewegung, Aprilthesen.*

Locke, John (1632—1704): Begründer des englischen Empirismus; angeborene Ideen gibt es nicht; alle Vorstellungen lassen sich auf äußere oder innere Erfahrungen zurückführen; Deist (rationalisierter, entmythologisierter Gottesbegriff); Hptw.: *An Essay concerning human understanding, Letters on Toleration, The Reasonableness of Christianity.*

Maimonides (Moses Ben Maimon) (1135—1204): größter jüdischer Gelehrter des Mittelalters, entwarf ein umfassendes System der talmudischen Lehre und versuchte eine Synthese von jüdischer Philosophie und Aristotelismus.

Marx, Karl (1818—1883): deutscher Philosoph, Theoretiker des Sozialismus und Begründer des Marxismus, will aber selbst kein „Marxist" sein, mitbestimmend in der 1. Internationale. Hauptwerk: *Das Kapital.*

Mose(s) (um 1200 v. Chr.): angeblicher Verfasser des Pentateuch, der ersten fünf Bücher des Alten Testaments; Begründer der jüdischen Religion.

Nietzsche, Friedrich Wilhelm (1844—1900): deutscher Philosoph, will mit den überkommenen christlichen Werten aufräumen; „Gott ist tot, wir haben ihn getötet . . . um uns entfalten zu können", sein berühmter Ausspruch; Gott hindert den Menschen daran, sich frei zu dem zu entwickeln, was er sein kann; Bejaher des Willens zur Macht; für N. ist das Christentum die „Dekadenz" schlechthin; Kritiker der christlich-platonischen Spaltung der Welt in Sinnliches und Übersinnliches; Werke: *Also sprach Zarathustra, Jenseits von Gut und Böse, Ecce homo, Der Wille zur Macht.*

Parmenides aus Elea (um 540—480 v. Chr.): abstrahiert das Eine vom Allen (das Sein vom Seienden) und bestimmt es daher negativ: es wird nicht unterschieden, ist unteilbar und zeitlos. Denken und Sein sind identisch, alles Seiende ist Wahn. Werk: *Über die Natur.*

Plato(n) (427—347 v. Chr.): griech. Philosoph, Dualist und Idealist, Gründer der athenischen Akademie, Metaphysiker, dem die Ideen des Schönen und Guten Höchstes sind. P. versetzt die sokratischen Allgemeinbegriffe als „Ideen" in den „Ideenhimmel", wo sie als real existieren. Beim Anblick der Gegenstände erinnert sich der Mensch an die schon vor seiner Geburt geschauten Ideen. P.s System und der jüdische Eingottglaube beeinflussen das Christentum; Vielzahl von Werken, darunter: *Menon, Phaidros, Phaidron, Politeia, Parmenides,* u. a.

Popper, Sir Karl Raimund (geb. 1902): österr. Philosoph, Neopositivist, wenn auch in kritischer Haltung zu der Richtung, hält die rationale Behandlung metaphysischer Probleme innerhalb gewisser Grenzen für möglich und setzt an Stelle der Verifikation das Falsifikationskriterium; P. unterscheidet 3 Welten: die physikalische Welt (Materie), die Erlebniswelt (Bewußtsein) und die Welt der Ideen, Theorien und Gedanken (als objektive Realität!); Hptw.: *Logik der Forschung, Die offene Gesellschaft und ihre Feinde*, u. a.

Scheler, Max (1874—1928): deutscher Metaphysiker, ursprünglich Theist, dann Pantheist und schließlich Atheist; Wertmetaphysiker, der an die objektive Existenz absolut gültiger Werte glaubt, die er durch „Wesensschau" erkennen will. Für S. ist der Krieg Ausdruck christlicher Liebesmoral (!); Hptw.: u. a. *Vom Umsturz der Werte.*

Schelling, Friedrich Wilhelm Joseph (1775—1854): deutscher Nachkantianer, romantisierender Metaphysiker, ästhetisierender Pantheist, idealisierender Identitätsphilosoph: zwischen Natur und Geist herrscht Wesensidentität; die Gegensätze von Subjekt und Objekt, von Geist und Natur, lösen sich im Absoluten auf; die absolute Identität von Realem (Objekt) und Idealem (Subjekt) ist das Lebendige, Ewige, das in „intellektueller Anschauung" unmittelbar erfaßt wird; spekulativer Naturphilosoph; Hptw.: *Ideen zu einer Philosophie der Natur.*

Schlick, Moritz (1882—1936): österr. Physiker, Erkenntnistheoretiker und Naturphilosoph, wünschte sich eine „Renaissance der Philosophie durch die Logik", wurde in Wien ermordet; Begründer des „Wiener Kreises" der Neopositivisten; Hptw.: *Allgemeine Erkenntnislehre.*

Schopenhauer, Arthur (1788—1860): deutscher Philosoph, will die Wirklichkeit intuitiv erfassen; das Wesen der Welt ist der vernunftlose, blinde Trieb und Drang *(„Wille")* zum Leben; Erlösung ist Verneinung des Willens zum Leben; Hauptwerk: *Die Welt als Wille und Vorstellung.*

Spinoza, Baruch de (1632—1677): holländischer Philosoph, pantheistischer Monist, Vertreter einer metaphysischen Identitätslehre: Natur und Geist sind ihrem Wesen nach identisch; Hptw.: *Tractatus theologico-politicus.*

Tarski, Alfred (geb. 1901): polnischer Logiker, beschäftigte sich mit den Begründungsproblemen der Mathematik und schuf mit seinen Untersuchungen über den Wahrheitsbegriff entscheidende Voraussetzungen für die Semantik.

Thomas von Aquin(o) (1225—1274): Dominikaner, versuchte die christliche Dogmatik und die Theologie des *Augustinus* mit der Philosophie des *Aristoteles* in Einklang zu bringen; unterscheidet in *„Existenz"* und *„Essenz"*, sowie in *„Akt"* und *„Potenz"*. Der „Thomismus" ist seit 1879 die päpstlicherseits empfohlene Philosophie der Katholischen Kirche (!); Hptw.: *Quaestiones disputatae et quodlibetales.*

Virchow, Rudolf (1821—1902): deutscher Pathologe, liberaler Gegner der Kirche, Begründer des Begriffes *„Kulturkampf"* im Sinne eines Kampfes für die Kultur.

Wittgenstein, Ludwig (1889—1951): österr. Philosoph, logischer Positivist, analytischer Philosoph, bestimmend für den Neopositivismus des „Wiener Kreises", alle Philosophie ist Sprachkritik; Hptw.: *Tractatus logico-philosophicus.*

Zarathustra (Zoroaster) („Kameltreiber") (um 600 v. Chr.): iranischer Religionsstifter; stellt einem Lichtgott (Ahura Mazda) einen bösen, dunklen Gott (Ahriman) gegenüber und begründet damit den Dualismus; heutige Anhänger sind die Parsen, ihr heiliges Buch ist das „Avesta".

Zenon von Elea (um 490—430 v. Chr.): Schüler des Eleaten *Parmenides*, versucht in Fangschlüssen durch indirekte Beweisführung glauben zu machen, daß es weder Vielheit noch Bewegung gibt.

Weiterführende Literatur

Zur Vertiefung des Themas empfiehlt der Autor aus der einschlägigen Literatur folgende Bücher:

Asimov, Isaac: Genesis, München 1983

Bukkyo Dendo Kyokai: The Teaching of Buddha, Tokyo 1981

Carnap, Rudolf: Scheinprobleme der Philosophie, Berlin 1928

Capra, Fritjof: Das Tao der Physik, Bern—München—Wien 1984

Castaneda, Carlos: Die Lehren des Don Juan, Frankfurt am Main 1973

Castaneda, Carlos: Eine andere Wirklichkeit, Frankfurt/Main 1973

Chardin, Teilhard de: Der Mensch im Kosmos, München 1959

Coomaraswamy, Ananda: Hinduism and Buddhism, New York 1943

Coomaraswamy, Ananda: The Dance of Shiva, New York 1969

Ellinger, Herbert: Buddhismus, Wien 1988

Ellinger, Herbert: Hinduismus, Wien 1989

Engels, Friedrich: Dialektik der Natur, Berlin 1955

Frey, Gerhard: Philosophie und Wissenschaft, Stuttgart 1970

Fung Yu-lan: A short History of Chinese Philosophy, New York 1958

Gabriel, Leo: Von Brahma zur Existenz, Wien 1954

Guardini, Romano: Religion und Offenbarung, Würzburg 1958

Guardini, Romano: Das Ende der Neuzeit, Basel 1950

Habermas, Jürgen: Erkenntnis und Interesse, Frankfurt 1968

Haken, Hermann: Erfolgsgeheimnisse der Natur, Stuttgart 1981

Harsieber, Robert: Das neue Weltbild, Wien 1989

Hartmann, Nikolai: Der Aufbau der realen Welt, Meisenheim/Glan 1956

Havemann, Robert: Dialektik ohne Dogma?, Reinbek 1965

Hawking, Stephen W.: Eine kurze Geschichte der Zeit, Reinbek 1988

Heisenberg, Werner: Physik und Philosophie, Berlin 1968

Heisz, Bernd: Milaräpa — Tibets großer Yogi, Konstanz 1956

Herrigel, Eugen: Der Zen-Weg, München 1984

Herrigel, Eugen: Zen in der Kunst des Bogenschießens, ebendort

Husserl, E.: Ideen zu einer reinen Phänomenologie und phäno-menologischen Philosophie, Haag 1950

Ital, Gerta: Der Meister, die Mönche und ich, Weilheim 1966

Jaspers, Karl: Vom Ursprung und Ziel der Geschichte, Zürich 1949

Kahl, Joachim: Das Elend des Christentums, Reinbek 1971

Kierkegaard, Sören: Die Tagebücher, Düsseldorf 1980

Klages, Helmut: Wertedynamik, Zürich 1988

Kuo Heng-yü: Der ewige Fluß, München 1986

Küng, Hans: Existiert Gott? München 1981

Küng, Hans: Wegzeichen in die Zukunft, Reinbek 1980

Küng, Hans: Christ sein, München 1980

Lama Anagarika Govinda: Grundlagen tibetischer Mystik, München 1975

Lao-tse: Tao-Te-King, Stuttgart 1979

Mao Tse-tung: Worte des Vorsitzenden, Peking 1967

March, Arthur: Das neue Denken der modernen Physik, Reinbek 1967

Marx, Karl / *Engels,* Friedrich: Manifest der Kommunistischen Partei

Pietschmann, Herbert: Das Ende des naturwissenschaftlichen Zeitalters, Wien 1984

Pirsig, Robert M.: Zen und die Kunst ein Motorrad zu warten, Frankfurt/Main 1981

Popper, Karl R.: Die Logik der Forschung, Tübingen 1966

Rahner, Karl / *Vorgrimler,* Herbert: Kleines theologisches Wör-terbuch, Freiburg 1961

Riedl, Rupert: Evolution und Erkenntnis, München 1985

Riedl, Rupert: Die Strategie der Genesis, München 1984

Russel, Bertrand: Warum ich kein Christ bin, Reinbek 1971

Russel, Bertrand: Philosophie des Abendlandes, Wien 1978

Sartre, Jean-Paul: Das Sein und das Nichts, Hamburg 1962

Sartre, Jean-Paul: Bewußtsein und Selbsterkenntnis, Reinbek 1980

Schwarz, Gerhard: Was Jesus wirklich sagte, Wien 1971

Schwarz, Gerhard: Was Augustinus wirklich sagte, Wien 1969

Sri Aurobindo: The Synthesis of Yoga, Pondycherry, India 1957

Stange, Hans O. H.: Gedanken und Gespräche des Konfuzius, München 1953

Stegmüller, W.: Wissenschaftliche Erklärung und Begründung, Berlin 1969

Stegmüller, W.: Hauptströmungen der Gegenwartsphilosophie, Stuttgart 1969

Stiegnitz, Peter: Judentum, Wien 1988

Suzuki, Daisetsu T. / *Fromm,* Erich / *de Martino,* Richard: Zen-Buddhismus und Psychoanalyse

Suzuki, Daisetsu T.: Erfülltes Leben aus Zen, München

Szczesny, Gerhard: Die Antwort der Religionen, Reinbek 1977

Ular, Alexander: Die Bahn und der rechte Weg des Lao-tse, Leipzig o. J.

Upanishaden: Übers. Hillebrandt A., Düsseldorf—Köln 1973

Vivekananda, Swami: Jnana Yoga, Freiburg 1977, 1983

Wallner, Friedrich: Die Grenzen der Sprache und der Erkenntnis, Wien 1983

Watzlawick, Paul: Wie wirklich ist die Wirklichkeit? München 1985

Weischedl, Wilhelm: Die philosophische Hintertreppe, München 1982

Weiss, Walter: Das Judentum, in: Israel und das Westjordanland, Wien 1980

Weiss, Walter: Der Islam, in: Saudiarabien, Bern 1977

Weiss, Walter: Yin und Yang, Der Konfuzianismus, der Taoismus, der Buddhismus, in: Taiwan, Wels 1987

Weiss, Walter: Die Illusion der östlichen Philosophie, in: Japan, Wels 1983

Weiss, Walter: Die Problematik von Haben und Sein als Lebenspraxis, in: Wissenschaftliche Nachrichten 79, Wien 1989

Weiss, Walter: Glück als philosophischer Begriff, in: ebendort

Weiss, Walter: Yin und Yang, in: ebendort, Heft 75, Wien 1987

Wilhelm, Richard: I Ging — Das Buch der Wandlungen, Düsseldorf—Köln 1970

Wittgenstein, Ludwig: Philosophische Untersuchungen, in: Schriften, Frankfurt/Main 1960

Zukav, Gary: Die tanzenden Wu-li-Meister, Reinbek 1985

Bisher erschienen

In Vorbereitung sind die Themen:
Liberalismus · Aberglaube · Mozart · Israel · China · Indien
Geld · Die Habsburger · Verpackung · Logik · Freimaurer
Wasser · Fundamentalismus · Mittelalter · Südafrika